休闲农业与乡村旅游实务

XIUXIAN NONGYE YU XIANGCUN LÜYOU SHIWU

唐德荣　主编

中国农业出版社
北京

编 委 会

主　　编：唐德荣

执行主编：陈德娜

编　　委：屈　懿　涂柳婧　卢　茵
　　　　　游斌杰　林渝宁　唐　钦
　　　　　李成君　罗　涛

乡村振兴战略是习近平同志2017年10月18日在党的十九大报告中提出的新的发展战略。2018年1月2日,《中共中央国务院关于实施乡村振兴战略的意见》(以下称"2018年中央1号文件")由中共中央、国务院发布,自2018年1月2日起实施。2018年3月5日,李克强总理在作政府工作报告时说,大力实施乡村振兴战略。

实施好乡村振兴战略,要按照"产业兴旺、生态宜居、乡风文明、治理有效、生活富裕"的总要求,建立健全城乡融合发展体制机制和政策体系,加快推进农业农村现代化。上述"20字"系统概括了新时代农业农村发展总要求,同时也释放了一个重要信号,在中国特色社会主义新时代,乡村是一个可以大有作为的广阔天地。休闲农业和乡村旅游作为近年来快速崛起的新产业新业态,站在了新的发展起点上,迎来了难得的发展机遇,必将在实施乡村振兴战略中扮演重要角色,为新时代推动农业农村现代化做出新贡献。

休闲农业与乡村旅游要在乡村振兴战略这篇大文章中写出神来之笔,体现担当和作为,必须要深刻领会"20字"要求,将其作为发展的重要战略指引。**产业兴旺是重点**。2018年中央1号文件明确提出构建农村一二三产业融合发展体系,实施休闲农业和乡村旅游精品工程,发展乡村共享经济、创意农业、特色文化产业。只有产业的蓬勃发展才能带来农村经济的繁荣,而发展休闲农业和乡村旅游无疑是实现乡村产业兴旺繁荣的重要途径。**生态**

宜居是关键。发展休闲农业与乡村旅游，通过科学规划发展观光农业、游憩休闲、健康养生、生态教育等服务，加上有效治理，有利于保护乡村生态环境，有利于人与自然和谐共处，从而让农村环境更加优美，空气更加清新、水源更加洁净、食品更加安全，真正做到"看得见山、望得见水、记得住乡愁"，持续推进宜居宜业的美丽乡村建设。**乡风文明是保障。**发展休闲农业和乡村旅游，可以有效治理农村脏乱差的环境，实现村容整洁，为群众创造更好的生活环境，同时针对休闲农业和乡村旅游的各种宣传与培训，有利于加强农村科普工作，提高农民科学文化素养，实现物质文明和精神文明一起抓，提升农民精神风貌，培育文明乡风、良好家风、淳朴民风，不断提高乡村社会文明程度。**治理有效是基础。**休闲农业和乡村旅游的发展，有助于促进当地人民群众就地勤劳致富，有助于形成井然有序的良好社会秩序，有助于解决因为外出打工而导致的留守儿童教育、留守夫妻交流、留守老人养老等深层次社会问题，让人民群众在家门口拥有更加充实、更有保障、更可持续的获得感、幸福感、安全感，从而确保乡村社会充满活力、和谐有序。**生活富裕是根本。**发展休闲农业与乡村旅游，有利于实施乡村绿化行动、保护乡村风貌、持续改善农村人居环境，有利于促进农村劳动力转移就业和农民增收，有利于打好精准脱贫攻坚战，让农业成为有奔头的产业，让农民成为有吸引力的职业，让农村成为安居乐业的美丽家园，更好地满足人民群众日益增长的美好生活需要，真正实现农业强、农村美、农民富。

目 | 录
CONTENTS

一、基础知识篇

1.什么是休闲农业与乡村旅游？

国际上和国内学术界对于休闲农业和乡村旅游的定义有数十种之多，目前也没有统一的定义。学者们从不同的角度对休闲农业和乡村旅游进行了广泛深入的分析，得出的结论各有侧重。

我们认为休闲农业是指利用田园的景观，自然的生态环境资源，结合农业生产经营活动、农村文化及农家生活，提供民众休闲、增进民众对农业及农村生活体验为目的农业经营活动，也是进一步开发农业资源、调整农业结构、改善农业环境、增加农民经济收入的新途径。休闲农业是以充分开发具有观光、旅游并了解农业价值的农业资源和农业产品为前提，把农业生产、科技应用、艺术加工和游客参加农业活动等融为一体，供游客领略不同于其他风景名胜的大自然情趣。休闲农业也是以农业活动为基础，农业和旅游业相结合的一种交叉产业，是以农业生产为依托，与现代旅游业相结合的一种高效农业。

乡村旅游是指城市游客（城镇居民）体验和享受乡村旅游产品的一种旅游方式。乡村旅游产品包括乡村环境（乡村的山、湖、河、森林等）、乡村遗产（乡村的传统建筑、工业遗产、史前城堡、教堂、村落等）、乡村生活（工艺及工艺品、节事、乡村食品、农业旅游、传统音乐等）、乡村活动（骑射、划船、垂钓、自行车骑游等）。乡村旅游具有乡村性、体验性（参与性）、差异性和目标市场是城镇居民、费用低、到达时间相对较短等特点。

休闲农业与乡村旅游之间有着紧密联系的关系。首先，它们的发生地点都必须在农村区域，其次，二者的开发和建设依托的资源也有重合，即都需要利用农业乡村的各类资源。休闲农业是一种与旅游业交叉的新型产业，而乡村旅游更多地依托农业的生产经营过程、模式等。休闲农业和乡村旅游的发展，彰显了促进增收的经济功能、带动就业的社会功能、传承农耕文明的文化功能、美化乡村环境的生态功能、促进村民自治的社会功能。

● 知识窗

休闲农业和乡村旅游最大的区别是休闲农业强调的是农业，着力点在农业上，即利用农业景观资源和农业生产条件，发展观光、休闲、旅游的一种新型农业生产经营形态。而乡村旅游强调的是旅游，着力点在旅游上，即鼓励城镇居民到乡村去体验一些乡村民情、礼仪风俗等，可以观赏当时种植的一些乡村特产、小溪、小桥及了解它们的故事，也可以在乡村及其附近逗留、学习、体验乡村生活模式。

2.休闲农业与乡村旅游包含哪几方面的内容？

休闲农业与乡村旅游属于休闲旅游，与其他旅游形式有着显著的差异：休闲旅游是周而复始的，而其他旅游形式大多是一次性的。这是因为城市居民是旅游活动的主体，受到时间和经济条件的限制，远途的旅游不太可能多次产生，而休闲农业与乡村旅游则可以在双休日或节假日发生，它以"二短一低"为典型特征，即以城市居民的短时间、短距离、低消费为基本标志，正是由于城市居民重复或者多次进行休闲农业与乡村旅游活动这个特点，为休闲农业与乡村旅游提供了重要的客源需求。因此，休闲农业与乡村旅游包含了乡村产业、乡村自然生态景观和乡村文化这三方面的内容。

（1）乡村产业。包含乡村农业、林业、渔业、牧业、畜业等以及通过乡村产业体现乡村传统和现代生产方式等。

（2）乡村景观。包含乡村的自然生态景观，地理位置必须位于乡村地区或者城郊地带。

（3）乡村文化。包含乡村居民、生活传统、风俗节庆、民间传说、乡土建筑、历史文化等，并且能被旅游者在旅游过程中感知。文化是旅游业的灵魂，旅游本身是一种文化交流活动，是两种地域文化的际遇与整合，旅游行为发生的基本动机上是寻找旅游资源文化内涵与旅游者背景文化之间的沟通。

3.休闲农业与乡村旅游是怎样兴起的？

我国休闲农业与乡村旅游业起步较晚。因为外交的需要，于20世纪50年代在北京开始萌芽，但实际上直到20世纪90年代，由于农村产业结构调整和城市进程加快，开始发展观光与休闲相结合的休闲农业与乡村旅游。伴随着经济的快速发展和人民生活水平的显著提高，我国的休闲农业与乡村旅游业呈现出前所未有的强劲发展势头，各种农家乐、田园游、采摘节等休闲农业与乡村旅游形式如雨后春笋般在全国各地大量涌现，休闲农业与乡村旅游已经成为我国旅游的新亮点。

近年来，党中央、国务院高度重视休闲农业和乡村旅游发展，特别是休闲农业和乡村旅游已经成为农业供给侧结构性改革的重要内容，成为农业农村经济发展的新动能，2015年以来连续3个中央1号文件都提出要大力发展休闲农业和乡村旅游，使之成为繁荣农村、富裕农民的新兴支柱产业。国务院办公厅在加快转变农业发展方式、推进农村一二三产业融合发展、促进旅游投资和消费、支持返乡下乡人员创业创新的四个意见中都强调，要大力发展休闲农业和乡村旅游，推进农业与旅游、教育、文化、健康养老等产业深度融合。在此契机下，一些以大型休闲农业观光园、现代农业科技示范园和休闲农庄为主的休闲农业与乡村旅游产业迅速发展，呈投资主体多元化、企业经营产业化、休闲功能专业化的态势，特色产业集群逐渐形成，龙头企业不断壮大。

> ● **知识窗**
>
> 　　截至2016年4月底，全国有95万个村开展休闲农业与乡村旅游活动，休闲农业与乡村旅游经营单位达193万家，其中农家乐达220万家，规模以上园区超过41万家，年接待游客接近84亿人次，年营业收入超过3 200亿元。现代休闲观光农业充分利用农业生产过程、农民生活和农村生态，为消费者提供休闲、观光、体验等服务，是实现农业多功能、高效益的新型产业。

4.休闲农业与乡村旅游产生和发展的原因是什么？

我国休闲农业与乡村旅游业的兴起与乡村旅游在整个世界的兴起有着相似的原因，但同时也存在我国具体情况的差别。从社会学角度分析，休闲农业与乡村旅游在我国产生和发展有着以下原因：

（1）返乡情结。黄洁根据心理学家荣格（Carl Gustav Jung）的"情结理论"，认为"乡土情结"（传统文化背景下形成的一种心理定势和精神信仰）是引发乡村旅游的根本动机。近年来随着工业化和城市化进程加速，城市居民承受着生理和心理的双重压力，因而贴近自然与泥土，感受与城市生活截然相反的淳朴、恬静、悠闲的乡村生活正好吻合了人们"返璞归真，回归自然"的心理需求，这亦即"乡土情结"的驱动。中国城市化进程发展比较晚而且发展速度相对较慢，大概是从20世纪末才开始，所以大多数人都是从乡村中走出来，逢年过节，还有回老家过年的习惯。在更久远的中国历史上，所谓"衣锦还乡"，不仅仅是为了向父老乡亲们炫耀自己的成就，而更多的是一种寻根、回归的情结。即使在"文化大革命"这样一个特殊的历史时期，很多中国的知识分子被动到农村插队、上山下乡，在那里学习和农民一起劳动，使很多即使从小生活在城市中的人们也对农村生活有了深刻的体验和怀念。城市居民回到乡村，希望通过旅游的方式体验到与城市生活截然不同的乡村生活，贴近自然与泥土，感受淳朴、恬静与悠闲，领略乡村的自然美和田园美。在观光的同时，他们还希望能亲近原始的劳作形态、品尝当地农副产品、感受古朴的民风民俗，从而了解自己祖先的生活方式，以实现自己返乡怀旧的愿望。

（2）压力释放。20世纪开始，随着工业化和城市化进程的加速，城市居民承受着生理和心理的双重压力，生活在城市中的人们就像高速运转的机器般工作，多是机械、枯燥、强大压力下的劳动，每个人都难免分担整个社会高强度的工作要求和竞争压力，而缺少了生气和活力以及愉快的互动，因此人们需要一个放松、调节、改换生活环境的机会。而作为中国现实国情下的广大农村，正好为城市居民提供了这样一个再适合不过的环境。这里有与城市截然相反的风景和生活方式，是那些整日忙碌、承受巨大心理压力的城市居民难得的生活体验，最重要的是提供身心的放松和愉悦。

（3）文化差异性。旅游者离开居住地到乡村地区旅游的另一个较大的动力因素就是城乡之间在自然景观、自然环境、社会经济、生活方式、文化特征等方面具有差异性。城市居民厌倦了环境污染、喧嚣和千篇一律的现代城市景观以及生活方式。而在乡村，天人合一的环境，健康、朴素、简单的生活，可以读到的历史，可以看见的美德，构成这些传统乡村地区所独有的魅力，形成了乡村与现代化城市间的巨大差异，从而造就了乡村的旅游吸引力，使乡村进一步成为城市居民的旅游目的地。

（4）自我实现。休闲农业与乡村旅游同时也体现出现代人的一种文化消费和文化需求。除以上提到的原因和目的之外，还有一些旅游者来到乡村进行旅游，出于不同的目的：求知（如少年儿童夏令营、学生实习、学术团体考察）、怀旧、交友等，这些从根本上看都属于文化层次的心理需求，是一种自我实现的需求和表现。

● 知识窗

农村地域自然生态环境优美、空气清新，与高楼林立、嘈杂拥挤、污染严重的城市生活环境形成鲜明的对比。城市居民节假日期间到乡村旅游，可以满足回归自然、感受绿色的愿望，符合其旅游心理需求。休闲农业与乡村旅游具有较强的参与性，正好满足了人们的体验需求。

5.休闲农业与乡村旅游具有哪些特征？

随着"建设生态文明""美丽中国""新型城镇化"以及"乡村振兴"等国家战略的逐步推进和实施，党中央、国务院对发展休闲农业与乡村旅游高度重视，相继出台了多项有利于推进休闲农业与乡村旅游持续健康发展的政策和措施。休闲农业与乡村旅游是我国现代农业经济发展与旅游业紧密结合而产生的新型旅游经济，是将乡村生活、生产和生态环境三者融为一体进行开发的一种新的旅游形式，具有农业性、乡村性、地方性、民族性、休闲性、参与性等特性，主要有森林公园、度假区（村）、休闲农场、民俗文化村等开发模式。休闲农业与乡村旅游因其广阔的市场前景，良好的经济社会、生态效益，受到各地政府和城乡居民的普遍欢迎，成为推动农村经济、农业发展和农民增收、城乡和谐建设的有效途径。我国休闲农业与乡村旅游具有如下特征：

（1）多样性。既包含丰富的自然景观、人文景观，又包含农业资源、文化资源。

（2）地域性。有南、北之分，有山地、平原之分，也有汉族和少数民族之分。

（3）季节性。乡村农业生产活动有鲜明的季节性，休闲农业与乡村旅游靠天吃饭。在气候宜人的春、秋季节，休闲农业与乡村旅游旺盛，而炎热的夏季和严冬季节旅游冷淡。

（4）参与性。游客到农村旅游不单是观光活动，还包括农事劳作、垂钓、划船、喂养、采摘、加工等参与性活动，游客在参与活动中充分体验农民的生活情趣。

（5）文化性。一是农耕文化、乡村劳作形式丰富，有刀耕火种、水车灌溉、犁田插秧、划船捕捞、采莲编织等；二是乡村民风民俗、传统节日、民间文艺等，这些都充满了浓郁的乡土文化气息。

> ● **知识窗**
>
> 休闲农业与乡村旅游的空间特征：①依附都市：利用都市郊区良好的自然生态环境和独特的人文环境、地缘和区位优势、便利的交通条件，近年迅速发展起来；②依附风景：处于自然风景区内或附近，形成"农游合一"，休闲者在景点游玩之后能品尝到具有地方特色的新鲜农产品、感受农业氛围、欣赏到美丽的农业景观，以景区游客为主要目标市场；③依附小城镇：主要依附特色村镇及特色群落的乡村来开展休闲农业，这些地方休闲面积较大，融入公园的功能，开辟公园化农业园区，并建有休闲、娱乐、观赏、游览设施，让园区走向公园化，满足小城镇居民的休闲需求。

6.休闲农业与乡村旅游中的"农业性"有哪些特征？

休闲农业与乡村旅游是旅游的同时，还包括农业生产过程的展示，以及游客游览时具有主动意识的参与性。因此休闲农业与乡村旅游与其他形式的旅游活动相比具有其自身的农业性。

（1）乡村农业生态性。休闲农业与乡村旅游是将农村的生态、农业的生产、农民的生活等"三生"功能结合于一体的产业，将健全的自然面貌和相对稳定协调平衡的生态环境,展示给游客。

（2）乡村农业自然景观特色性。休闲农业与乡村旅游是在保证农业产业发展的前提下，建造富有特色的生态意境的乡村农业景观,在开发的同时保护当地的自然景观特色。

（3）传统农耕文化的延续性。休闲农业与乡村旅游是农业与旅游业交融的产业,与其他旅游业不同的是，它以农业以及与农业相关的人文与自然资源为对象，促进农村特有的生活文化的发展而使其得以延续与传承。

（4）展示现代农业。休闲农业与乡村旅游景观能融合现代农业科技、文化娱乐于一体,具有增知益智的特点。

7.休闲农业与乡村旅游有哪些巨大的社会文化效应？

休闲农业与乡村旅游推动社会全面进步和人的全面发展，有巨大的社会和文化效应，具体表现在以下六个方面：

（1）有力地解决"三农"问题，推动经济结构的调整。调整了农村经济结构，促进以农产品加工、服务为重点的农村第二、三产业快速发展；吸纳农村富余劳动力就业，让农民尽快富起来；改善了农村生活条件，统筹城乡社会经济的协调发展。

（2）有力地改善基础设施。促进了农村的基础设施建设，使民俗村的道路、通信、供电、供水、垃圾处理、电视接收等基础设施发生了明显的改善；通过统一规划和设计，乡村村落呈现出景观化、优美化、布局与结构的个性化特点。

（3）有力地推动乡风文明。提高了农民综合素质和农村的文明程度，增进了村民间的感情，加强了团结；通过与城市游客的交流，农民开阔了眼界，加强农村地区与外界的信息交流，逐步改变农村落后、陈旧的思想观念，更加密切带动了新的农村风尚。

（4）能带动周边地区的发展。休闲农业作为一种开放性的产业，有着很强的辐射功能和显著的社会效应，能带动周边地区的发展，能够带动当地交通、通信、餐饮、宾馆、商贸、礼品、广告、信息、体育、文娱、图书、照相、电子、教育、企业、事业等的发展。

（5）能提高农村科技、文明程度。休闲农业由于要求生产性和观赏性的契合，需要引进新品种、新技术、新农业设备，因此可以提高农业的科技含量，改变农业生产方式和农村经济增长方式，还有利于消除农村不良的陈规陋习和转变农民的生活、消费观念，增强农民的文明意识，有利于推动农村和谐社会的构建与发展。

（6）有力地提高妇女地位。由于休闲农业与乡村旅游经营者大多数是妇女，促进了农村妇女就业，提升了农村妇女的社会地位和经济地位，使农村妇女更加自信自强，为妇女发挥自身的社会价值创造了条件。

8.休闲农业与乡村旅游容量包含哪些内容？

休闲农业与乡村旅游属于近郊旅游的一种，旅游容量指一个旅游地可以同时接纳的游客的最大数量。旅游容量涉及多方面内容，包括以下几点：

（1）资源容量。即在休闲农业与乡村旅游活动中，游人过多会导致旅游资源的破坏。在保护资源前提下所能达到的最大的游客数量可以成为休闲农业与乡村旅游地资源容量。这里又因旅游资源区分为自然环境和人文环境而在指标上存在差别，特别是生物保护指标有较严格的标准。

（2）心理容量。即游人的游览活动不会因游人过多而导致游兴的降低或活动受到妨碍时游人的最大数量。休闲农业与乡村旅游活动中，常常出现游人因为游客过多而觉得毫无兴致，本来为一片宁静而来，结果反而比城市还喧嚣。游人过多还会导致接待者无法照顾周全，使游客觉得扫兴等。最终可能会导致游客对该旅游品牌失去信心，产生不良后果。因此在休闲农业与乡村旅游活动中游客的心理容量也需要得到重点关注。

（3）经济容量。即当旅游业出现巨大波动时不致超过旅游地的经济最大承受能力时游人的最大数量。在商业活动中并不是客户越多就能实现利润越大。休闲农业与乡村旅游活动同样如此，休闲农业与乡村旅游的利润在最初会随着游人数量增加而增加。但是当游客达到一定数量之后，由于接待地当地经济增长幅度不够，使得部分游客无法得到合理的接待，从而给当地经济发展带来负面作用，影响经济发展。

（4）社会容量。即旅游接待地居民在文化、心理上所能承受的游人的最大数量。从旅游业本身的角度，休闲农业与乡村旅游容量问题直接关系到旅游资源的保护、游人的安全和游人的感受，旅游景点景区的开发和经营等。总之，与旅游的可持续发展紧密相关。因此，休闲农业与乡村旅游容量是每一个休闲农业与乡村旅游景点景区、旅游目的地都必然遇到的问题，常常成为休闲农业与乡村旅游热点景点景区在旅游高峰期的首要工作。

9.休闲农业与乡村旅游发展有哪些条件与优势？

休闲农业与乡村旅游是工业化中后期步入休闲经济时代的产物，既具有较大的自身发展空间和潜力，也具备强劲的关联带动功能。体现在市场需求上，随着城市化水平的提高、生活质量的改善和工作节奏的加快，人们到秀美田园风光和清新自然环境中修身养性、陶冶情操的愿望越来越强，走进自然、亲近自然、享受自然的人越来越多，休闲农业与乡村旅游发展具有广阔的前景。我国是一个农业大国，一个乡村大国，具备发展休闲农业与乡村旅游的良好条件与优势。

（1）乡村景观优美，生态环境良好。我国农村地域广阔，自然地理环境复杂。各地农村地质、地貌、气候等条件的差异，使我国乡村自然景观资源种类齐全，数量丰富。

（2）农业景观多样，地区差异显著。我国是一个有着悠久历史的农业大国，农耕文明持续时间长，农村、农业资源丰富，生产类型多样。我国常见的生产类型有平原种植业、山地立体农业、沙漠绿洲农业、草原牧业、水产养殖等，不同农业生产类型能使游客产生不同的生活体验，学到有趣的农事知识，留下美好的生活记忆。"农耕文化是一笔凝聚着几千年人类智慧的文化遗产"，传统的农耕文明遗迹及生活形态是乡村旅游发展的优势资源。都市周边处处是"景点"，山川岗坳，湖泊溪流，田园阡陌等，是广大农民对"农耕文化"的直观演绎。

（3）民俗文化丰富，开发潜力巨大。我国是一个多民族国家，各民族由于所处客观环境差异和历史发展过程不同，形成各自独特的农业生产方式和习俗，也产生了多姿多彩的民俗文化，包括民间传说、民间工艺、居住文化、服饰文化、婚嫁习俗、祭祀文化、耕作文化等众多方面。如盛行于我国乡村的舞龙灯、舞狮子，陕北农村的大秧歌，东北的二人转，西南的芦笙盛会，广西的"唱哈"会，苏北里下河水乡的"荡湖船"等脍炙人口。我国广大农村出产的各种民间工艺品备受游客的青睐，如天津乡间的杨柳青年画、潍坊年画，贵州的蜡染，南通的扎染，常熟的花边，以及各种刺绣、草编、竹编、木雕、石雕、泥人、面人等，无不因其浓郁的乡土特色而深受游人欢迎。我国乡村自古以来流传有各种史诗、神话、传说、故事、笑话、轶闻，引人入胜、耐人回味。流传于云南民间的阿诗玛、壮乡的刘三姐、内蒙古草原上的江格尔、苏南水乡的沈七哥、河南的梁山伯与祝英台，都能使游客听之动情、如醉如痴。另外，乡村烹食风味独特。四川的麻婆豆腐以辣闻名，湖南的臭豆腐以臭著称，内蒙古草原上的涮羊肉味美肉嫩，新疆的羊肉串香气扑鼻。这些资源对国内外游客具有强大的吸引力，加上其趣味性、参与性强的特点，开发潜力很大。随着我国经济高速发展以及城市化迅猛推进，城市居民收入有了很大提高，加上城市工作节奏快，竞争力加大，增强了人们回归大自然的愿望，这使得越来越多的市民涌向农村。而休闲农村与乡村旅游也能使人亲近自然、摆脱压力、愉悦身心、益智健体，激发他们对劳动、生活、大自然的热爱之情。另外，休闲农业与乡村旅游是以农村、农业为依托发展旅游经济，只要对农舍、田园、果园等稍加美化与修饰，就可开展旅游经营与服务活动，旅游开发的成本相对较低。

（4）乡村建筑各具特色，观赏价值较大。乡村民居建筑，不但能给游人以兴趣，而且还可为游客提供憩息的场所。不同风格的民居，给游客以不同的精神感受。由于受地形、气候、建筑材料、历史、文化、社会、经济等诸多因素的影响，我国乡村民居可谓千姿百态、风格迥异。青藏高原上的碉房，内蒙古草原上的毡包，喀什乡村的"阿以旺"，云南农村的"干阑"，苗乡的"吊脚楼"，纳西族的"井干"，黄土高原的窑洞，东北林区的板屋等以其独特的建筑形式使游客耳目一新。另外，我国乡村中还有众多古代民居与建筑，如安徽黟县西递村有清代民居120多幢，深宅大院，栋宇鳞次，布局精巧，砖石木雕琳琅满目，堪称乡村古代民居之宝库，具有很大的旅游开发价值。我国农村还有许多古代工程、古老庄院、桥梁古道、古代河道等，如纵贯苏北江淮之间的古邗沟为吴王夫差所开，沿河阡陌纵横、风车摇转、相映成趣；四川秦汉时所辟的蜀道，穿行于川北山乡崇岭，广植松柏，称"翠云廊"，壮观而幽美；广西侗乡有一风雨桥，桥上建亭，形态奇特，也是乡民贸易聚会之所，富有民族特色，为侗乡胜景。这些民居与乡村建筑体现了当地的文化艺术特点，乡韵无穷，令人叫绝。

（5）政策大力支持，发展环境良好。国家大力发展休闲农业与乡村旅游，为休闲农业与乡村旅游提供了良好发展环境。进入新时期以来，国家几乎每年都出台发展休闲农业与乡村旅游的各种政策。2015年农业部联合财政部等11个部门印发《关于积极开发农业多种功能　大力促进休闲农业发展的通知》（农加发〔

2015〕5号），2016年农业部、国家发展改革委等14部门印发了《关于大力发展休闲农业的指导意见》（农加发〔2016〕3号），指导全国休闲农业和乡村旅游发展。2017年农业部印发《关于推动落实休闲农业和乡村旅游发展政策的通知》（农办加〔2017〕15号），党中央、国务院和相关部门的文件相继出台，标志着全国休闲农业和乡村旅游政策体系框架的形成。各地政府也加大对休闲农业与乡村旅游的支持和引导力度，规范引导逐渐常态化；将休闲农业与乡村旅游列入新农村建设的支持范畴并在项目建设和资金安排上给予支持；改善农村基础设施、整治环境吸引社会资本投资；加强对从业者的经营管理、服务等方面的培训等，极大地推动了我国休闲农业与乡村旅游的可持续发展。

10.休闲农业与乡村旅游有哪些类型？

依据依托的类型来划分，我国休闲农业与乡村旅游可分为城郊型、景区依托型和村寨型。

（1）城郊型。这是目前我国最普遍、最成熟、市场潜力最可观的一种休闲农业与乡村旅游类型。这种类型是依托大、中城市，利用都市郊区相对良好的自然生态环境和独特的人文环境、地理优势和便利的交通条件，以城市居民为主要目标市场，在近年迅速发展起来的。以上海、广州、北京和成都为代表的大城市的郊区，其区位优势表现为直接面对周末度假、民俗佳节庆典活动等需求的稳定而庞大的客源市场。在大都市发达的工业文明的辐射下，郊区已进入现代农业文明阶段。现代农村聚落景观、现代科技农业景观、融入现代美学观念的各种观光农园，以及美化了的自然环境构成大都市郊区的农业观光特色，如上海浦东的孙桥、北京的韩村河、江苏的张家港、广东的东莞等。此外，对都市人具有持久吸引力的还有一年一度的各类采摘旅游和务农旅游。

（2）景区依托型。我国著名的风景名胜区均处于乡村的包围中，景区周围的山林需要保护；周围农民自发地涌入景区经商，造成景区内社会环境的混乱，这种状况亟待治理；大量游人的涌入需要大量消费物品的供给；国内游客需要廉价的接待设施。景区依托型就是基于上述诱因发展起来的。依托某一风景名胜区，以景区游客为主要的目标市场，属于一些著名的风景名胜区发展起来的附属产品，是游客在对自然风景观光之余，对周围村庄的乡村景观的一种派生旅游。这也是我国乡村旅游业开展最早的地区。在地势较为平坦、道路较为通达的风景区内，观光旅游可以向景区周围的乡村扩散，形成景区边缘型休闲农业与乡村旅游。依托大型风景区在市场上的知名度，以景区游客为主要的市场，保存乡村的原生状态，吸引游客在对自然风景观光之余，对周围村庄的田园风光和农家生活进行派生欣赏。

（3）村寨型。在国家旅游扶贫政策的指导下，我国的特色村寨休闲农业与乡村旅游在老、少、边、贫山区发展较快。这些地区多为山区，缺少发展第一、二产业常规经济的自然条件，又不具备交通区位的优势。因此，多是工业文明尚未辐射到的地区。正因此，这些地区至今还保留着近乎原始而秀美的自然环境、传统的农耕文化和淳厚、完美的民族习俗。原始的自然生态与人文生态景观、原始的乡情习俗，构成一个个特色浓郁，带有极强的文化与生态色彩的乡村旅游地，如广西桂林的阳朔渔村、龙胜各族自治县的平安村、贵阳市的镇山村及井冈山的拿山盆地地区等。还有这样的一类村庄，历史上曾是经济、文化和商贾重地，后因改朝换代或交通改道，使之失去原有的地位与功能沦为乡村。这里同样未受到工业革命的改造，至今尚保留着当年的文化风貌——古代民居群和传统的民俗风情。今天，则以古建筑文化景观为主，周边农业景观为辅，开发出文化韵味甚浓的乡村旅游产品，如江苏昆山市的周庄、江西乐安县的流坑村、安福县洲湖镇的边塘村、广西恭城瑶族自治县的朗山村、皖南黟县的西递古村、徽州的呈坎村和唐模村等。

● **知识窗**

　　随着经济的发展，国家不仅要加大发展现代农业、生态农业的步伐，更要深入实施和发展休闲农业与乡村旅游。休闲农业与乡村旅游的类型也是多种多样，根据我国发展的现状，还可以将休闲农业与乡村旅游总结为六个类型：①农业体验游；②园林观光游；③农业科技游；④农耕文化体验游；⑤民族、民俗文化游；⑥民居型农业观光农家乐。

11.休闲农业与乡村旅游有哪些发展模式？

　　我国休闲农业与乡村旅游发展已进入快速发展阶段，一些休闲农业与乡村旅游起步早、发展较为成熟地区的经验模式对于起步较晚的地区能够起到示范作用。综合考虑休闲农业与乡村旅游产品策划问题、空间布局问题以及经营管理问题等多个方面的影响因素，我国休闲农业与乡村旅游有7种发展模式。

　　（1）田园农业旅游模式。以农村田园景观、农业生产活动为旅游吸引物，开发农乡游、果乡游、花乡游、渔乡游、水乡游等不同特色的主题旅游活动，满足游客体验农业、回归自然的心理需求。主要类型有：田园农业游、园林观光游、农业科技游、务农体验游等。

　　（2）民俗风情旅游模式。以农村风土人情、民俗文化为旅游吸引物，突出农耕文化、乡土文化和民俗文化特色，开发农耕展示、民间技艺、时令民俗、节庆活动、民间歌舞等旅游活动，增加乡村旅游的文化内涵。主要类型有：农耕文化游、民俗文化游、乡土文化游、民族文化游等。

　　（3）农家乐旅游模式。指农民利用自家庭院、自己生产的农产品及周围的田园风光、自然景点，以低廉的价格吸引游客前来吃、住、玩、游、娱、购等旅游活动。主要类型有：农业观光农家乐、民俗文化农家乐、民居型农家乐、休闲娱乐农家乐、食宿接待农家乐和农事参与农家乐等。

（4）村落乡镇旅游模式。以古村镇宅院建筑和新农村格局为旅游吸引物，利用乡土建筑、民居庭院、街道格局、村庄绿化、工农企业来发展观光旅游、开发观光旅游。主要类型有：古民居和古宅院游、民族村寨游、古镇建筑游和新村风貌游等。

（5）休闲度假旅游模式。依托自然优美的乡野风景、舒适怡人的清新气候、独特的地热温泉、环保生态的绿色空间，结合周围的田园景观和民俗文化，兴建一些休闲、娱乐设施，为游客提供休憩、度假、娱乐、餐饮、健身等服务。主要类型有：休闲度假村、休闲农庄和乡村酒店等。

（6）科普及教育旅游模式。利用农业观光园、农业科技生态园、农业产品展览馆、农业博览园或博物馆，为游客提供了解农业历史、学习农业技术、增长农业知识的旅游活动。如广东高明蔼雯教育农庄、沈阳市农业博览园、山东寿光生态博览园等。

（7）回归田园大自然模式。利用农村优美的田园风光、原生态的森林、湖泊以及奇山，发展登山、赏景、滑雪、滑草、水上乐园等旅游活动，让游客感受大自然、回归大自然。主要类型有：森林公园、水上公园、露营、自然保护区等。

休闲农业与乡村旅游主要发展模式一览表

发展模式	类　　型	典型案例
田园农业旅游模式	田园农业游、园林观光游、农业科技游、务农体验游等	上海孙桥现代农业观光园 北京顺义"三高"农业观光园 四川泸州张坝桂园林 北京小汤山现代农业科技园
民俗风情旅游模式	农耕文化游、民俗文化游、乡土文化游、民族文化游等	新疆吐鲁番坎儿井民俗园 山东日照任家台民俗村 湖南怀化荆坪古文化村

（续）

发展模式	类　　型	典型案例
农家乐旅游模式	农业观光农家乐、民俗文化农家乐、民居型农家乐、休闲娱乐农家乐、食宿接待农家乐和农事参与农家乐等	四川成都龙泉驿红砂村农家乐 湖南益阳花乡农家乐 贵州郎德上寨民俗风情农家乐
村落乡镇旅游模式	古民居和古宅院游、民族村寨游、古镇建筑游和新村风貌游等	山西王家大院和乔家大院 福建闽南土楼
休闲度假旅游模式	休闲度假村、休闲农庄和乡村酒店等	广东梅州雁南飞茶田度假村 湖北武汉谦森岛庄园 四川郫县友爱镇农科村乡村酒店
科普及教育旅游模式	农业观光园、农业科技生态园、农业产品展览馆、农业博览园	广东高明蔼雯教育农庄 沈阳市农业博览园 山东寿光生态博览园
回归田园大自然模式	森林公园、水上公园、露营、自然保护区等	台湾走马濑农场

12.国外休闲农业与乡村旅游是怎样产生和发展的？

　　休闲农业与乡村旅游最早起源于18世纪初期的英国并相继在法国等西方国家推广和蔓延。19世纪60年代"农业与旅游全国协会"在意大利成立，当时的协会介绍城市居民到乡村去体味农野间的趣味,他们与农民一起吃饭,一同劳作,搭建帐篷野营,或直接在农民家中留宿。这个协会的成立,在世界休闲农业与乡村旅游发展史上意义重大,它标志着该类旅游的诞生。20世纪60年代初,在西班牙首先开始了真正意义上的观光农业,开创了观光农业的先河。但是大规模的观光农业园出现是在20世纪80年代后期,观光农业园由单纯观光性质向休闲、度假、操作、体验、教育、环保等功能扩展，出现了观光采摘园、休闲农场、教育农园等多种形态。

在休闲农业与乡村旅游的积极推动下，许多国家独特的文化得以传承、丰富并发扬光大，这在很大程度上刺激和助推了农村经济的发展。休闲农业与乡村旅游受到了各个国家和人民的普遍推崇和欢迎。

世界旅游组织出版物《2020年旅游业远景：全球预测与市场解剖》中估计，到2020年，国际游客中有3%左右是出于休闲农业与乡村旅游动机而旅游的，中国大陆可达到2 100万游客。世界休闲农业与乡村旅游人数年均增长6%，高于世界旅游增长率。欧洲每年旅游总收入中农业旅游收入占5%。目前法国有1.6万个农庄针对城市居民推出了休闲农业与乡村旅游活动，有33%的居民选择到乡村度假，每年接待的国内外游客约为200万人次，休闲农业与乡村旅游收入约占旅游总收入的1/4。

农业劳动力的短缺问题随着休闲农业与乡村旅游的开展而得以缓解。受教育程度较高、经济条件很好的城市中产阶级游客是国外休闲农业与乡村旅游中最主要的客源市场主体，这些人选择休闲农业与乡村旅游，是在较多的追求精神享受和寻找早已失落的心灵净土。国外休闲农业与乡村旅游的形式主要有休闲观光式、参与务农式、乡村旅游和生态旅游组合、乡村旅游和传统文化旅游组合等。

● 知识窗

休闲农业一词来源于休闲产业，是休闲产业的有机组成部分，是农业与旅游业相结合的新型产业。其根本目的是提供休闲服务，满足休闲需求，并获得经济利益。由于收益效果普遍优于单纯的农业生产，而游玩形式更贴合淳朴原始的乡村生活，更能唤起现代都市人群对本源生存方式的回忆，因此休闲农业具有其独特的发展优势和客源市场。

13.国外休闲农业与乡村旅游有哪些类型？

（1）休闲度假型。游客居住在农民家里；吃的是农民自产自制的新鲜食品；观赏农家周围的自然风景、农事生产、农家民俗风情；到附近的水体嬉水、垂钓；向农民学习面包、奶酪、果酱、葡萄酒等食品的传统制作手艺。通过融入乡间环境和农民日常生活，达到调节身心、休闲放松的目的。例如，日本岩水县小岩井农场，美国费城白兰地山谷中的长木花园、俄亥俄州辛辛那提的瓜果塑造人物形象，法国农庄等。

（2）参与劳作型。随着人们旅游需求的转变，观光农园也相应地改变了其单纯观光的性质，加强了游客的参与性。游客通常以类似短期帮工的身份到农场、牧场、渔场参与农事生产劳动，但与帮工不同的是，游客通常与东家同吃、同住、同劳动，并不以取得劳动报酬为主要目的。如日本新潟县大和町的旅游者每天和当地农民一起下田劳动，享受插秧、割稻之乐；青森县牧场组织旅游者去牧场放牧、牛棚挤奶、果园摘果等。在韩国，休闲农园的游客可参加农民收获瓜果和蔬菜的农事活动，从中体会劳动和收获的喜悦。当然，不同国家在报酬支付问题上有一些差异，在美国西部专门对旅游者开放的牧场上，旅游者参与放牧可以拿到与牛仔相当的工资。而其他国家大都是无报酬的劳动，在日本，甚至还要向务农旅游者收费。

（3）租赁型。一个大农园划分为若干个小块，分块出租给个人、家庭或团体，平时由农场主负责雇人照顾农园，假日则交给承租者享用。这种经营方式，既满足了游客亲身体验农趣的需求，也增加了经营者的盈利。在法国，这种形式比较流行，有的农园专门向拿退休金的老人出租土地和农具，使他们有机会在清净的田园生活中修身养性。

（4）科技型。科技型休闲农业的类型和内涵都相当丰富。例如，基因农业是很多人不熟悉的，可利用人们的好奇心理，建立观光型基因农场。此外，运用现代科技与先进农艺技术，建立现代化的农业设施，开展无土栽培、有机农业等，对都市人都很有吸引力。比如，新加坡政府自20世纪80年代起建立了十大农业科技园，吸引了大量游客；日本也将设施农业作为观光的亮点，收到了良好的效果。

（5）奇异型。即利用当地独特的农业资源建立起来的休闲农业园，用以满足人们寻求离奇的心理。在欧美国家，休闲农业发展比较有特色和规模。例如，美国华盛顿开辟了10多处大型郊游区，供游钓、野营、骑马等郊游活动；法国巴黎城郊建有许多观光果园，专供游客观光、尝鲜、品酒休闲；英国伦敦城郊沿绿环带建有一大批公园和野餐地，供市民游憩；而在法国农村，许多葡萄园和酿酒作坊都对外开放，游客不仅可以参与酿制葡萄酒的全过程，而且可以在作坊里品尝，并将自己酿造好的酒带走，享受与在商店里买酒不一样的乐趣。

● 知识窗

国外休闲农业依托区域特色资源、民俗文化、科技水平等优势，形成多样化的项目开发经营模式，取得了较为显著的经济效益、社会效益和生态效益。对其特点和特色总结如下：①政府适度扶持；②协会积极推动；③坚持市场导向；④协调均衡发展。

二、管理者实务篇

14.休闲农业与乡村旅游发展有哪些阶段？

我国休闲农业与乡村旅游发展大致经过了三个阶段：

一是1980—1990年，为萌芽和兴起阶段，在少数改革开放较早和经济发展较快的地区首先发展观光采摘农业。

二是1991—2000年，为初步发展和成长阶段，在大城市郊区和经济发达的沿海地区开始发展观光农业、休闲农业与乡村旅游。

三是2001年至今，为较快发展和规范经营阶段，观光农业、休闲农业与乡村旅游、休闲农庄、乡村旅游均发展起来，而且制定评定标准，走向规范化经营。

15.休闲农业与乡村旅游发展具有哪些特点？

一是休闲农业与乡村旅游已从初期自发发展，进入有组织的规范性发展。

二是休闲农业与乡村旅游从小到大，从少到多，逐步向规模化发展。

三是休闲农业与乡村旅游产品从最早的采摘、农家乐发展到现在的休闲农庄、生态农园、体验农园。

四是休闲农业与乡村旅游功能从单纯观光，扩展到观光、休闲、体验、健身等多种功能。

五是经营理念从单纯的生产经营，扩展到休闲与体验，增加了文化和生态内涵。

六是休闲农业与乡村旅游发展与新农村建设相结合，与农业结构优化、调整相结合，促进农村经济发展和农民致富。

七是休闲农业与乡村旅游在布局上呈现从东部经济比较发达地区向中、西部经济欠发达地区发展，从城市近郊区向中郊、远郊区发展，从大城市向中、小城市发展。目前，我国已形成了京津唐地区、长三角地区、珠三角地区、成渝地区等比较集中的休闲农业与乡村旅游区。正在形成的休闲农业与乡村旅游区有南京地区、武汉地区、西安地区、昆明地区、沈大地区、郑州地区、济南地区、杭州地区、长沙地区、福厦地区、哈尔滨地区、乌鲁木齐地区。这些以城市为中心的休闲农业与乡村旅游区带动了周围乡村地区休闲农业与乡村旅游的发展，形成了点、线、面相结合的休闲农业与乡村旅游新格局。

16. 休闲农业与乡村旅游发展存在哪些问题？

休闲农业与乡村旅游无论是在发展特色、发展规划还是在发展模式、发展成果等方面都取得了成就，同时不可避免地也显现了一些问题，具体有以下表现：

（1）缺乏整体的规划。现如今，休闲农业与乡村旅游发展所在地多是经济发展相对落后的地区，资金不充足，限制了其规划的合理性、完整性，最终导致乡村旅游发展的总体形象、发展战略、发展目标等不明确，且规划滞后，业态单一。

经营者没有认真分析本地的资源优势和客源市场，盲目发展乡村农业旅游，既没有突出自己的特色，又造成同一地区内项目建设重复，功能雷同，各自为政，互相竞争，效益低下，结果导致因低层次开发，产品品位不高，配套设施和环境较差，最后逐渐衰落而停业。究其根本原因是因为没有整体规划，或者说整体规划不到位造成的。

（2）缺乏产品的独特性。乡土气息是休闲农业与乡村旅游的个性，也是重点打造的对象。然而随着休闲农业与乡村旅游的不断发展，很多地区为了追求快速的经济效益，直接复制成功项目，产品雷同，特色不明显，造成产品的同质化现象，对于项目地区人文特点挖掘不够，从而出现产品根本无法支撑其长久有效发展。

（3）基础设施不完善。一般说，休闲农业与乡村旅游地区大都位于城市郊区和经济发展水平相对较低的农村，对基础设施建设投资有限，基础设施适应不了游客的需要。旅游区道路、停车场、洗手间、电话亭等公共设施简陋、设备不足，客房、餐厅、茶楼等主要住宿设施条件差，水电供应不正常，安全条件不好，卫生状况和设施条件难以让游客接受，因而难以吸引和留住游客。

（4）季节性导致资源的浪费。旅游旺、淡季在休闲农业与乡村旅游发展过程中日趋明显，追根溯源，主要是乡村旅游产品的缺乏多元化、营销策略及管理手段的不到位等原因所导致。功能单一，文化内涵和生态内涵不强。

（5）法制建设薄弱，欺诈现象充斥。农民群众具有兴办旅游的积极性，但政府对发展休闲农业与乡村旅游尚未制定优惠政策，也没有制定休闲农业与乡村旅游管理法、观光农业管理法、乡村民俗文化旅游管理法、"农家乐"管理法。经营者往往会为了短期经济利益而不考虑生态环境保护的问题，加之开发前的规划不到位，以致后期无序经营现象严重。没有政策，没有法规，就难于管理。导致旅游区的开发规划没有科学依据，开发混乱、重复建设、环境破坏问题严重，经济利益上各自为政、多头管理，出现问题互相推诿，无人负责，严重影响了乡村旅游和休闲农业的可持续发展。

（6）宣传手段不足，市场导向不强。目前我国休闲农业与乡村旅游项目大多处于依靠老客户"口口相传"的口碑式宣传。对于特色服务个别项目来说，"酒香不怕巷子深"的宣传手段短期内可以承受，还有一定的效果，但是对于大多特色不明显或者新近开发项目来说，在市场竞争惨烈的环境中生存条件不佳。

● **知识窗**

实施休闲农业与乡村旅游，可以扶持建设一批功能完备、特色突出、服务优良的休闲农业与乡村旅游聚集村、休闲农业与乡村旅游园、休闲农业与乡村旅游合作社，着力改善开展休闲农业与乡村旅游村庄的道路、供水设施、宽带、停车场、厕所、垃圾污水处理、游客综合服务中心、餐饮住宿的洗涤消毒设施、农事景观观光道路、休闲辅助设施、乡村民俗展览馆和演艺场所等基础服务设施，改善休闲农业与乡村旅游基地的种养条件，实现特色农业加速发展、村容环境净化美化和休闲服务能力同步提升。鼓励因地制宜兴建特色餐饮、特色民宿、购物、娱乐等配套服务设施，满足消费者多样化的需求。

17.如何营造休闲农业与乡村旅游发展环境？

（1）加强规划引导。按照乡村振兴战略中"构建农村一二三产业融合发展体系要求"，围绕农业生产过程、农民劳动生活和农村风情风貌，遵循乡村自身发展规律，因地制宜科学编制发展规划，调整产业结构，优化发展布局，补农村短板，扬农村长处，注重乡土味道，保留乡村风貌，留住田园乡愁，形成串点成线、连片成带、集群成圈的发展格局。要挖掘农业文明，注重参与体验，突出文化特色，加大资源整合力度，形成集农业生产、农耕体验、文化娱乐、教育展示、水族观赏、休闲垂钓、农产品加工销售于一体的休闲农业与乡村旅游点（村、园），打造生产标准化、经营集约化、服务规范化、功能多样化的休闲农业与乡村旅游产业带和产业群。积极推进"多规合一"，注重休闲农业与乡村旅游专项规划与当地经济社会发展规划、城乡规划、土地利用规划、异地扶贫搬迁规划等的有效衔接。依托休闲农业与乡村旅游点（村、园）、乡村旅游区建设搬迁安置区，着力解决异地扶贫搬迁群众的就业脱贫问题。

（2）丰富产品业态。鼓励各地依托农村绿水青山、田园风光、乡土文化等资源，实施休闲农业和乡村旅游精品工程，建设一批设施完备、功能多样的休闲观光园区、森林人家、康养基地、乡村民宿、特色小镇。大力发展休闲度假、旅游观光、养生养老、创意农业、农耕体验、乡村手工艺等，促进休闲农业与乡村旅游的多样化、个性化发展。支持农民发展农（林、牧、渔）家乐，积极扶持农民发展休闲农业与乡村旅游合作社，鼓励发展以休闲农业与乡村旅游为核心的一二三产业融合发展聚集村。加强乡村生态环境和文化遗产保护，发展具有历史记忆、地域特点、民族风情的特色小镇，建设一村一品、一村一景、一村一韵的美丽村庄和宜游宜养的森林景区。引导和支持社会资本开发农民参与度高、受益面广的休闲旅游项目。鼓励各地探索农业主题公园、农业嘉年华、教育农园、摄影基地、特色小镇、渔人码头、运动垂钓示范基地等，大力开发农业多种功能、延长产业链、提升价值链、完善利益链，提高产业融合的综合效益。

（3）必须具体落实的是经济环境。中央和地方政府要具体落实行政手段和经济手段的结合。中央和地方财政共同承担的公共性质建设项目的投入应尽快到位。对资源相对比较集中、市场影响力大、发展基础较好的项目，要优先规划、优先发展，形成以点带面、循序渐进的良好局面。在政策方面，经营性质建设项目的资金投入，允许通过政府组织引导、社会积极参与和市场有效运作的方法解决，增强可持续发展的能力。另外，要特别注意充分利用现有设施和条件，实事求是地确定项目数量、规模和时限。实施乡村振兴战略，必须解决钱从哪里来的问题。要健全投入保障制度，创新投融资机制，加快形成财政优先保障、金融重点倾斜、社会积极参与的多元投入格局，确保投入力度不断增强、总量持续增加。

（4）必须统筹协调的是区域环境。政府组织做好休闲农业与乡村旅游区规划与相关区域的城乡规划以及交通建设、环境保护、风景名胜和文物保护等专项规划的衔接，使规划有机融入当地经济社会发展的总体格局中。整合相关旅游资源，把发展休闲农业、乡村旅游与发展生态旅游、民族文化旅游等密切结合，形成综合型、复合型的旅游产品，增强休闲农业与乡村旅游的吸引力和感染力。

（5）必须立即解决的是自然环境。自然资源是旅游的生命线，而休闲农业与乡村旅游景区大多地处偏远地区，经济和文化水平不高，交通不便，基础设施落后，居民的生态保护意识薄弱。因此，一方面，政府必须加强环保宣传教育，牢固树立和践行绿水青山就是金山银山的理念，坚持人与自然和谐共生，并增强执法力度，加大基础投入；另一方面，采取加强自然环境保护、减少环境污染、发展循环经济和减少一次性物品的使用，严守生态保护红线，以绿色发展引领休闲农业和乡村旅游。

（6）必须积极利用的是科技环境。其一，政府领导和组织科技人员充分利用当今先进技术，开发和创作以乡村内容为题材、广大人民尤其是青少年喜闻乐见的电视、电影、动画片和公益广告，让乡村文化潜移默化地普及和深入。其二，政府与企业联合，共同开发人文、自然、文物保护和"绿色"交通工具的技术，使"乡村"和"绿色"有机、和谐地统一。其三，加强乡村景区农业科技的投入。如培植园林、花卉，耕种超级水稻、优良水果等，有利于景区环境的生态平衡。

（7）弘扬优秀农耕文化。按照乡村振兴战略"传承发展提升农村优秀传统文化"的要求，立足乡村文明，一方面，切实保护好优秀农耕文化遗产，做好农业文化遗产普查工作，准确掌握全国农业生产系统的发布状况和濒危程度。按照"在发掘中保护、在利用中传承"的思路，加大对农业文化遗产价值的发掘，加强对已认定的农业文化遗产的动态监督管理，加大挖掘、保护、传承和利用力度，推动遗产地经济社会可持续发展。另一方面，推动优秀农耕文化遗产合理适度利用。"深入挖掘农耕文化蕴含的优秀思想观念、人文精神、道德规范，充分发挥其在凝聚人心、教化群众、淳化民风中的重要作用"，大力推进优秀农耕文化教育进校园，加强大中小学生的国情乡情教育，统筹利用现有资源建设农业教育、社会实践和研学旅游示范基地，实施中国传统工艺振兴计划，支持发展妇女手工艺特色产业项目。

（8）保护传统村落。划定乡村建设的历史文化保护线，保护好文物古迹、传统村落、民族村寨、传统建筑、农业遗迹、灌溉工程遗产，不断加强传统村落、传统民居的保护力度，按照保持传统村落完整性、真实性、延续性要求，保护村落文化遗产，改善基础设施和公共服务设施。建立保护管理机制，做好中国传统村落保护项目的实施和监督。注重农村文化资源挖掘，强化休闲农业与乡村旅游经营场所的创意设计，推进农业与文化、科技、生态、旅游的融合，提升休闲农业与乡村旅游的文化软实力。发展主客共享的美丽休闲乡村，加快乡土民俗文化的推广、保护和延续。

（9）培育知名品牌。在整合优化的基础上，重点打造点线面结合的休闲农业与乡村旅游品牌体系。在面上，继续开展全国休闲农业与乡村旅游示范县（市、区）创建，着力培育一批示范带动能力强的休闲农业与乡村旅游集聚区。在点上，继续开展中国美丽休闲乡村推介活动，在全国打造一批天蓝、地绿、水净、安居、乐业、增收的美丽休闲乡村（镇）。在线上，重点开展休闲农业与乡村旅游精品景点线路推介，吸引城乡居民到乡村休闲消费。鼓励各地因地制宜开展多种形式的品牌创建与推介活动，培育地方品牌。

● 知识窗

对资源禀赋有优势的贫困地区，要优先支持农民，特别是建档立卡贫困户发展休闲农业与乡村旅游合作社、农家乐和小型采摘园等，重点实施建档立卡贫困村"一村一品"产业推进行动，带动贫困地区传统种养产业转型升级，促进贫困地区脱贫致富。要探索社会资本参与贫困地区发展休闲农业与乡村旅游的利益分享机制，引导和支持社会资本开发农民参与度高、受益面广的项目，着力推动精准脱贫。要通过休闲农业与乡村旅游，推动贫困地区优质农副土特产品的加工和销售。积极培养休闲农业与乡村旅游致富带头人，注重培养休闲农业与乡村旅游致富女性带头人。

18.休闲农业与乡村旅游发展中政府发挥怎样的作用？

政府在休闲农业与乡村旅游中恰当的角色定位是休闲农业与乡村旅游成功的关键。在休闲农业与乡村旅游产业化的不同阶段，政府分别发挥不同的作用。

在产业化初期，政府实行引导型发展战略，此时政府主要充当"催化剂"和市场主体的角色。

在产业成长期，政府实行服务型战略，政府执行规制和提供服务，逐渐由管理职能向服务职能转变。

在产业成熟期，政府主要充当中介者、协调者的角色。

世界经济合作组织（OECD）旅游委员会将政府参与旅游产业分为三个阶段：

（1）初始阶段——"先驱或催化剂"。初始阶段的休闲农业与乡村旅游开发表现为少量独特的自然和文化资源无意识开发，政府充当开拓者，即"运动员"角色，充分利用行政体制动员所掌握的经济资源，在尊重市场的基础上，履行好管理职责。

（2）成长阶段——"规范与服务"。成长阶段的休闲农业与乡村旅游已经形成了一定的市场规模，旅游相关服务设施得到完善，休闲农业与乡村旅游收入开始增加，这一阶段的政府可以从台前走到幕后，从"运动员"转化为所谓的"裁判员"，扮演好规范者的角色。政府根据实际情况研究制定出切实可行的休闲农业与乡村旅游的地方性法律和条例,丰富完善各项管理制度,使休闲农业与乡村旅游经营运作有法可依、有章可循,营造休闲农业与乡村旅游市场健全的法制环境。

（3）成熟阶段——"协调与组织"。各级旅游行业管理部门从管理旅游经济微观环节中抽身出来,把行政管理的职能集中指向宏观调控、社会服务和公共管理,协调社会各方面力量,用各种方法鼓励企业发展,改善休闲农业与乡村旅游大环境,保护旅游者权益。

19.休闲农业与乡村旅游发展中政府有哪些职能？

我国在发展休闲农业与乡村旅游的过程中,政府的主要职能是协调、引导、培训、宣传、立法等,要改变传统行政命令的管理方式,做名副其实的服务型政府。

（1）协调。协调各相关部门通力合作,理顺休闲农业与乡村旅游管理体制,提高效率;协调金融部门,对农户优先安排贷款,同时协调当地农民、外来投资者和当地政府的利益关系。政府协调的重点是不直接干预休闲农业与乡村旅游的发展,而是让位于市场主导,强化政府的经济服务职能。

（2）引导。布局及项目设计引导。对那些布局不合理,功能设计简单、重复、缺乏特色和吸引力,活动内容相似、极少创新、规模设计上过于依赖于非自然农业技术手段的项目以及可能破坏地区生态农业环境的项目,不予支持。政策引导。休闲农业与乡村旅游的发展必然涉及相关政策的配套,特别是在立项、用地、建设、能源、资金等方面给予优惠政策。另外通过补贴、减免税收、最低保护价等政策对休闲农业与乡村旅游给予特定的支持。

（3）培训。政府组织农民外出考察及聘请专家进行指导和培训,提高农业经营者和劳动者的素质,培养经营管理人员、技术人员、服务人员等多方面的人才。

（4）宣传。政府充分运用报纸、杂志、广播、电视等大众宣传媒体，介绍休闲农业与乡村旅游的相关知识，鼓励广大农户投身休闲农业与乡村旅游，同时也对城市居民起到广告宣传作用。

（5）立法。政府制定相关的法律法规，引导和约束休闲农业与乡村旅游的有序化、制度化经营，保证效率和公平的实现，运用法律、法规、政策等引导休闲农业与乡村旅游的健康发展。

● **知识窗**

各级政府职能有区别

（1）县（区）、乡镇（街道办）等地方政府：直接的提供者。市、县（区）、乡镇（街道办）等地方政府是公共休闲服务供给体系中最为关键和重要的环节。专门负责处理与休闲农业与乡村旅游相关的规划或布局等一切事务，包括资金使用、政策扶持、农业基础设施的强化、生态环境的改善等。

（2）省、自治区、直辖市政府：授权者和协调员。省、自治区、直辖市政府通过充分授权给下属地方政府而完成授权者的角色，通过在地方政府与国务院之间搭起一座桥梁而完成协调员的工作。地方政府主要由省一级政府授予更广泛的自主权。休闲农业与乡村旅游产业化的问题不是任何一个政府分支机构可以独立完成的，产业模式的选择与园区具体的规划设计通常是每一级政府充分参与并统筹协调整合推动实现的。国务院与省级政府经常在具体运作上围绕规划布局等问题而达成合作，而省级和地方政府的互动主要体现在技术、资金支持上。

（3）国务院相关部门：立法者和协调者。

```
┌─────────────┐        ┌─────────────┐              ┌─────────────┐
│ 市、县、乡镇 │        │ 省、自治区、│              │ 国务院相关部门│
│ 等地方政府   │        │ 直辖市政府  │              │             │
└──────┬──────┘        └──────┬──────┘              └──────┬──────┘
       │                      │                            │
  ┌────┴────┐         ┌───────┴───────┐           ┌────────┴────────┐
┌─┴─────┐           ┌─┴────┐    ┌─────┴┐        ┌──┴───┐      ┌─────┴┐
│直接提供者│         │授权者 │    │协调员 │        │立法者 │      │协调者 │
└─┬─────┘           └─┬────┘    └──┬───┘        └──┬───┘      └──┬───┘
```

| 休闲农业发展机构 | 政策、资金、基础设施 | 辅助性机构 | 对下属地方政府授权 | 与下一级资金、技术互动 | 在国务院与地方政府之间协调 | 参与国务院规划布局 | 休闲农业立法 | 协调各部门权、责、利 |

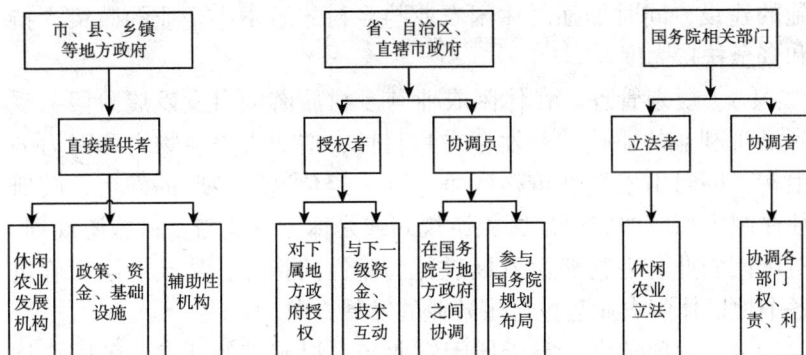

20.政府如何管理和指导休闲农业与乡村旅游发展？

政府的宏观调控、资金援助和规范管理，怎样合理科学地发挥其作用，对于休闲农业与乡村旅游的良好发展至关重要。

（1）法律规范。市场经济是法治经济，休闲农业与乡村旅游发展较好的国家都通过制定严格的法律法规来规范休闲农业与乡村旅游企业在运营、游客服务、接待设施设备、乡村内外部环境、安全和卫生等方面的行为，保障了休闲农业与乡村旅游的良好发展。因此我国亟须加强这方面的工作，一方面要借鉴国际休闲农业与乡村旅游的发展经验，另一方面要结合我国休闲农业与乡村旅游发展的实际情况和具体国情，制定一系列法律法规，从各个方面指导休闲农业与乡村旅游的发展。

（2）资金扶持。休闲农业与乡村旅游的顺利发展必须充分调动乡村社区居民的积极性，很多国家都通过贷款、补贴和税收刺激等措施来实现这一目的。在政府资金的扶持下，很多乡村社区居民积极发展家庭餐饮、乡村旅馆、观光休闲农场等旅游接待设施，拓宽农业经营的经济附加值，同时政府通过财政预算对旅游目的地进行宣传促销。我国农村地区经济落后、产业发展不健全、居民生活水平低，因此，政府必须投入资金加大乡村地区基础设施的建设，同时加强对休闲农业与乡村旅游中小企业的政策支持和资金扶持力度。

（3）规划管理。在休闲农业与乡村旅游的自发发展阶段，受到经济利益的驱使，开发存在盲目性，造成人力、物力和财力的浪费，同时引发恶性价格竞争。为了避免这一情况的发生，政府往往制定相应的农村地区旅游规划或是休闲农业与乡村旅游规划，对休闲农业与乡村旅游发展进行前瞻性的指导，从政府层面确定各个地区休闲农业与乡村旅游业的发展方向。

（4）专项负责。对于休闲农业与乡村旅游的开发，各国往往有一个专门的机构，比如法国的农业及旅游接待服务处、美国的农村旅游发展委员会等，对休闲农业与乡村旅游涉及的政策制定和管理权限、宣传促销等方方面面的问题进行协调和处理，建立合作机制，有力地推动了休闲农业与乡村旅游的发展。我国的休闲农业与乡村旅游资源受到农业、林业、水利、文物、城建、宗教等多个部门的管理，各个部门互相制约，阻碍休闲农业与乡村旅游的快速发展。

（5）业务指导。在休闲农业与乡村旅游的开发中，政府要对休闲农业与乡村旅游企业的经营者和当地社区居民进行教育和培训，目的有两个方面：一是提升他们的环境生态意识，保护当地的文化，同时要求采取积极措施避免休闲农业与乡村旅游开发中产生的负面影响；二是提升他们的经营理念和服务水平，促进休闲农业与乡村旅游的良好发展。我国的休闲农业与乡村旅游开发中存在生态破坏、居民道德下降、服务水平低下等问题，急需通过教育和培训对相关人员进行引导和指导。

21.政府如何指导构建休闲农业与乡村旅游产业体系？

（1）产业链领域。一是从产业链的纵向延伸来看，引导休闲农业与乡村旅游龙头企业、合作社大力发展规模化的种养殖业、农产品加工业、农产品流通业及餐饮住宿，创新休闲农业与乡村旅游产品生产、加工、销售、服务的各个环节，加强涉农企业与农户间的协作，构建完整的产业体系，加强吃、住、行、游、娱、购等各环节的整合，加强产业间的联合，延长产业链条。二是横向拓展方面，经营类型相同或类似的企业应加强分工合作，集约利用资源。处于同一休闲农业与乡村旅游线路或景区辐射范围内的休闲农业与乡村旅游项目可以共同开发客源市场，形成功能衔接、特色互补、规模经营的产业集群形式。通过休闲农业产业链的延伸与拓展，将产业核心竞争力集中于产品定位、设计研发、渠道管理、客户服务等环节。三是鼓励各地区以特色休闲农业与乡村旅游资源为核心要素，整合各产业资源，打破部门和地域界限，以休闲农业与乡村旅游内部产业链拓展与延伸为核心，吸引处于产业链上的众多企业与支撑机构在休闲农业与乡村旅游项目开发地集聚，从而整合关联企业的经营优势，降低企业经营成本，通过跨行业、跨部门、跨地区的资本、技术与资源联合，组建休闲农业与乡村旅游企业集团，形成强劲竞争优势。此外，发挥休闲农业与乡村旅游产业的关联带动作用，推动与其关联度较高的产业发展，如农业、旅游业、建筑业、交通运输业、农产品加工业等，促进存在竞争合作关系的相关产业的企业、专业化供应商以及服务机构在区域内聚集发展，形成一个稳定、持续的竞争集合体。

（2）龙头企业领域。龙头企业是休闲农业与乡村旅游产业化根本动力和重要标志。焦点集中于扶持培育经营特色化、管理规范化、服务功能全、产业基础强、经营效益好、具有全产业链整合能力的休闲农业与乡村旅游龙头企业，不断提高龙头企业规模度、集中度，以增强其抵御市场风险的能力，并利用龙头企业的凝聚与示范作用，带动周边区域中小型企业和个体农户经营者发展优势互补、类型各异的休闲农业与乡村旅游项目，最终形成以龙头企业为主体、生产集约化、兼具多种功能和较大规模的休闲农业与乡村旅游基地与示范园区，提高其组织程度和经营管理水平，推动休闲农业与乡村旅游产业化发展。对于培育对象选择上，首先将股份公司纳入考虑范围，也可以发挥外资企业快速打开市场、具有丰富经营管理经验等方面的优势。在休闲农业与乡村旅游龙头企业内部应建立现代企业制度，有效提高企业的市场竞争力。

> ● **知识窗**
>
> 地方政府要将休闲农业与乡村旅游区的公共基础设施建设纳入地区基础设施规划中。一是政府要加大对其的投入力度，划拨专项费用用于农村公共基础设施建设，对配套设施建设给予项目投资补贴，并进一步吸引外资、信贷资金的投入。二是完善基础设施规划与建设，加强交通、供电、供水、通讯、污水管网、垃圾无害化处理、安全卫生等方面的投入与建设，继续建设移动通信、网络通信、邮政网点等信息化设施，切实改善休闲农业与乡村旅游产业发展条件。重点改善休闲农业与乡村旅游区道路与交通状况，建设连接城乡的公交及自驾交通路网，实现城乡、村镇路网无缝对接，并完善景区照明、停车场等基础设施，规范交通指引标志，提高休闲农业与乡村旅游目的地的可进入性和通达性。三是改善休闲农业与乡村旅游生产条件，大力投入建设生产设备和技术设备等，创造条件丰富延伸农业功能。四是加快产业配套设施建设，强化休闲农业与乡村旅游园区商务服务功能，适度发展休闲农业与乡村旅游区住宿、餐饮、娱乐、农副产品等相关产业，力争配备生态旅游公厕、生态停车场、标识导向系统、游客中心等现代化设施。

22.休闲农业与乡村旅游有哪些政策法规？

（1）2016年中央1号文件。文件强调大力发展休闲农业和乡村旅游。强化规划引导，采取以奖代补、先建后补、财政贴息、设立产业投资基金等方式扶持休闲农业与乡村旅游业发展。大力发展休闲度假、旅游观光、养生养老、创意农业、农耕体验、乡村手工艺等，发展具有历史记忆、地域特点、民族风情的特色小镇，建设一村一品、一村一景、一村一韵的魅力村庄和宜游宜养的森林景区。依据各地具体条件，有规划地开发休闲农庄、乡村酒店、特色民宿、自驾露营、户外运动等乡村休闲度假产品。实施休闲农业与乡村旅游提升工程、振兴中国传统手工艺计划。开展农业文化遗产普查与保护。支持有条件的地方通过盘活农村闲置房屋、集体建设用地、"四荒地"、可用林场和水面等资产资源发展休闲农业与乡村旅游。将休闲农业与乡村旅游项目建设用地纳入土地利用总体规划和年度计划合理安排。

（2）2018年中央1号文件。这是一部为了实施乡村振兴战略而制定的文件，文件明确指出构建农村一二三产业融合发展体系，实施休闲农业和乡村旅游精品工程，建设一批设施完备、功能多样的休闲观光园区、森林人家、康养基地、乡村民宿、特色小镇。对利用闲置农房发展民宿、养老等项目，研究出台消防、特种行业经营等领域便利市场准入、加强事中事后监管的管理办法。发展乡村共享经济、创意农业、特色文化产业，增加农业生态产品和服务供给。加快发展森林草原旅游、河湖湿地观光、冰雪海上运动、野生动物驯养观赏等产业，积极开发观光农业、游憩休闲、健康养生、生态教育等服务。创建一批特色生态旅游示范村镇和精品线路，打造绿色生态环保的乡村生态旅游产业链，推动乡村自然资本加快增值，实现百姓富、生态美的统一。总之，乡村振兴战略为休闲农业和乡村旅游提供了前所未有的发展机遇和政策支持。

（3）国务院印发《关于加大脱贫攻坚力度支持革命老区开发建设的指导意见》。革命老区、红色旅游、旅游脱贫、休闲农业与乡村旅游方面："要求各地区各部门结合实际认真贯彻执行。依托老区良好的自然环境，积极发展休闲农业与乡村旅游、生态农业，打造一批具有较大影响力的养生养老基地和休闲度假目的地。"

（4）发改委等七部门联合印发《关于金融助推脱贫攻坚的实施意见》。提出了金融助推脱贫攻坚的细化落实措施，包括各金融机构要立足贫困地区资源禀赋、产业特色，积极支持能吸收贫困人口就业、带动贫困人口增收的绿色生态种养业、经济林产业、林下经济、森林草原旅游、休闲农业与乡村旅游、传统手工业、乡村旅游等特色产业发展。健全和完善区域信贷政策，在信贷资源配置、金融产品和服务方式创新、信贷管理权限设置等方面，对连片特困地区、革命老区、民族地区、边疆地区给予倾斜。

（5）国家旅游局：120亿元旅游基建基金申报启动。乡村旅游、文化旅游、研学旅游、旅游小城镇方面：国家旅游局规划财务司发布消息称，自2015年下半年国家将旅游项目纳入专项建设基金支持领域以来，首批100亿元专项建设基金已完成审核进入拨付程序，第二批120亿元建设基金的申报工作目前也正式启动。

（6）国家旅游局《全国旅游标准化发展规划》出台。2016年4月15日，国家旅游局组织编制的《全国旅游标准化发展规划（2016—2020）》（以下简称规划）正式公布。规划提出，到2020年，我国旅游国家标准将达45项以上，行业标准达60项以上，地方标准达300以上，新建200个以上全国旅游标准化试点示范单位。旅游标准覆盖领域进一步拓宽，标准体系结构明显优化，标准之间协调性有效增强，适应和支撑现代旅游业发展的标准体系更加健全。

23.休闲农业与乡村旅游发展为何要采取政府主导型战略？

目前我国旅游业的发展采用的是政府主导型战略。政府主导型旅游发展战略是当今世界许多国家政府所采纳的旅游发展战略。政府主导型行为是指在政府规划指导下，采取各种措施，对旅游开发给予积极引导和支持，营造旅游环境，有意识地发展旅游业，以带动社会经济全面振兴，包括决策工程、人才工程、引导工程、资金工程等。政府主导模式的内涵是指国家或地方政府凭借其社会威望、财政实力与强大的监管能力，通过制定法令、法规、规划、政策，投入相应的旅游基本建设资金，营造良好的旅游环境，能在旅游业的发展上发挥极为重要的主导作用。其核心就是在坚持政府对旅游经济起主导作用的同时，充分重视市场机制的作用，实现市场资源的合理配置和优化组合。

就世界范围来看，尽管各国在国情、文化、政治制度等方面不尽相同，但在制定旅游发展战略时，普遍接受了政府主导这一模式。目前，我国的休闲农业与乡村旅游处于初始阶段，完全由农村居民按照市场机制发展休闲农业与乡村旅游，存在着诸多困难。因此，政府在发展休闲农业与乡村旅游过程中，应发挥其掌握行政资源的优势，利用行政手段，协调各行业，共同促进休闲农业与乡村旅游发展。

24.什么是休闲农业与乡村旅游的CBD模式？

休闲农业与乡村旅游的CBD模式即政府扶持、社区主导开发模式。采取CBD模式是实现休闲农业与乡村旅游可持续发展的保障。社区主导可以实现休闲农业与乡村旅游对本地新农村建设的效用最大化。让休闲农业与乡村旅游的利益最大程度地留在社区，包含农旅业一体化、产业链本地化、经营者共生化、决策权民主化。政府扶持即政府通过提供公共服务，如小额贷款、基础设施建设、直接补贴、培训、扶持民间旅游协会建设等，保证休闲农业与乡村旅游的可持续发展，保证休闲农业与乡村旅游发展的利益最大程度留在当地。经济可持续是社会与环境可持续的前提，政府是休闲农业与乡村旅游可持续发展的助动力与纠正器。旅游收入必须超过基本门槛，休闲农业与乡村旅游才能可持续。政府通过提供公共服务来解决休闲农业与乡村旅游发展的外部效应与市场失灵问题。

25.休闲农业与乡村旅游规划与开发原则是什么？

休闲农业与乡村旅游规划与开发应以农业生产经营活动为主体，以旅游市场为导向，以创新为动力，以科技为依托，以农民增收为主线，以休闲、观光、采摘、求知为载体，既要注重相关产业发展和整合，将传统农业从第一产业延伸到第三产业，又要使休闲体验者身心健康、知识增益，增强游人热爱大自然、珍惜民族文化，保护环境的意识。休闲农业与乡村旅游资源规划与开发应遵循以下原则：

（1）可持续发展的原则。休闲农业与乡村旅游规划与开发应以生态优先、可持续发展为第一指导原则。在具体的开发建设中要注重妥善解决开发所带来的环境破坏和污染，采取必要的生态措施和技术改善林网、水系、田园的农业生态环境，培育生态绿色产业，繁荣生态文化，构建生态产业体系。把"生态文明""可持续发展"融入各项目区的规划建设之中，高度重视生态保护和文化传承，充分发挥农业、农村、农民的生态和文化优势，吸引游客观光休闲和体验，避免盲目开发、无序开发和破坏性开发，走资源节约型、环境友好型的可持续发展道路。

（2）统筹城乡发展的原则。休闲农业与乡村旅游规划与开发应深入贯彻落实科学发展观，统筹城乡发展，打破城乡分割体制的影响，要求城乡基础设施建设必须一体化，缩小城乡发展差距。在实施规划过程中，要坚持重点区域先行，加快规划区域内核心区、辐射区、基地、园区、重点村镇的建设，引导产业要素向重点区域集中。统筹一、二、三产业布局，加快现代农业和第三产业发展步伐，实现产业和各类要素有效集聚。坚持统筹考虑、分步实施、以点带面、以线穿面、整体协同、互动共进。与此同时，在具体开发过程中还应引入创新统筹发展的体制机制，形成政府引导、企业主体、农民参与、多方支持、充满活力的发展格局，加强部门联动，形成合力，共同推进。

（3）以农为本，农游结合的原则。休闲农业与乡村旅游规划与开发必须坚持以农为本，以农业生产为基础，把农业的生产功能放在第一位，确保农业产品在开发中占有主导地位。通过第一、二、三产业的有效结合，更好地提高农产品附加值，创造更大的经济效益。休闲农业与乡村旅游规划与开发必须把农业发展、农民增收、农村进步作为根本出发点和落脚点，紧紧依托农业特色、优势和高效设施农业，充分发挥和调动社会各界的积极性和创造性。重点项目建设要注重游客的参与体验，充分发挥农业资源空间广阔、内容丰富、极富有参与性等特点，设计出融参与性、知识性、趣味性于一体的农业休闲活动项目，使游人广泛参与到农业生产、农村生活的方方面面，更多层面地体验到农业生产及农村生活的情趣，享受到原汁原味、丰富多彩的乡村氛围。

（4）因地制宜，体现特色的原则。休闲农业与乡村旅游规划与开发要充分考虑农业生产具有的地域性和季节性特点，因地制宜，体现特色。在农业旅游资源开发和项目设计上必须根据各地区的农业资源、农业生产条件和季节特点，考虑其区位条件和交通条件，因地、因时制宜，突出区域特色。特色是休闲农业与乡村旅游发展的生命之所在，越有特色其竞争力和发展潜力就会越强。如北京门头沟区的"妙峰樱桃园"、平谷区的"桃花海"观赏采摘区、大兴区的"万亩①优质梨休闲采摘园"等无一不是以特色取胜的休闲农业与乡村旅游园区。

● 知识窗

旅游规划是指在旅游资源评价的基础上，针对旅游资源的属性、特色和旅游地的发展规律，根据社会、经济和文化发展趋势，对旅游资源进行总体布局、项目技术方案设计和具体实

---

① 亩为非法定计量单位，1亩≈667平方米。

施。休闲农业与乡村旅游规划是根据休闲农业与乡村旅游发展规律和市场特点制定目标，以及为实现这一目标而进行的各项旅游要素的统筹部署和具体安排。

26.休闲农业与乡村旅游规划与开发有哪些功能？

休闲农业与乡村旅游规划与开发应以充分发挥农业生产的主导功能作用下，积极拓展农业生态、生活、游憩、教育等多功能作用，使之更好地服务"三农"，带动乡村地区的产业结构调整和产业发展。

（1）经济功能。休闲农业与乡村旅游可以为游客提供优质、绿色、生态、安全、健康的农产品，满足游客对休闲食品的需要。

（2）游憩功能。休闲农业与乡村旅游可以为游客提供观光、休闲、体验、娱乐、度假等各种活动的场所和服务。

（3）社会功能。休闲农业与乡村旅游可以促进城乡交流，增进农村社会发展，提升农民生活品质，有利于缩小城乡差距。

（4）教育功能。休闲农业与乡村旅游可以为游客提供了解农业文化、学习农业知识、参与农业生产活动、感受农业景观的户外教学场所。

（5）环保功能。休闲农业可以保护和改善生态环境，维护自然景观生态，提升环境品质，并为游客进行现场环保教育。

（6）医疗功能。休闲农业与乡村旅游区具有优美的自然环境，新鲜的空气，宁静的空间，生生不息的动植物，遍地绿色的草木，以及随处的鸟语花香，是最适合调剂身心及养生保健的场所。

（7）文化功能。休闲农业与乡村旅游与农村民俗文化、生活文化和产业文化相结合，可以为游客提供各种农村文化活动，促进农村文化发展。

● **知识窗**

休闲农业与乡村旅游项目开发可分为农事体验、休闲观光、乡村民宿、文体娱乐、民俗节庆等5个方面的休闲体验活动，极大地丰富了旅游产品的开发，丰富了城市居民的休闲体验需求。休闲农业与乡村旅游在规划开发与未来发展中应以市场为导向，规划建设精品化、特色化的指导项目。在总体发展定位确定的前提下，构建多功能模块，通过比较遴选，确立休闲农业与乡村旅游开发的引擎项目、辅助项目、补充项目，形成近中远期梯次发展格局，建立多项目支撑的复合开发方式。

27.休闲农业与乡村旅游有哪些旅游产品？

（1）观光采摘旅游产品。包括：

观花。观花主要集中在蔷薇科休闲采摘园，如桃花、梨花、李花、苹果花、杏花、樱桃花等。这些果木的花期基本集中在早春，盛花期形成花海，非常壮观美丽。北京的观花休闲农业与乡村旅游园区主要集中在平谷（桃花）、大兴（梨花）、昌平（苹果花）、门头沟（樱槐花）、密云、怀柔山区的杏花等。四川成都的观花休闲农业与乡村旅游园区主要集中在龙泉驿（梨花）等。

观果。果品的色彩、形状、大小、香味各异，形成休闲农业与乡村旅游特有的风景。各种果木果实成熟后都具有观赏价值，一般都与采摘活动相结合。

采摘。目前最普遍和最受欢迎的主打产品，是吸引众多游客前来从事各项休闲旅游活动的重要旅游产品。

（2）会议休闲旅游产品。开发商务会议休闲旅游产品是休闲农业与乡村旅游未来发展的重要方向。休闲农业与乡村旅游园区可以根据自身规模大小，提供不同等级的乡村田园风格的会议室及相关配套设施，吸引企业、事业团体游客来此从事各种会议活动。并同其他休闲类产品有机结合，形成内容丰富的产品组合。

（3）节庆文化旅游产品。节庆文化旅游产品开发可分为周期性节庆文化旅游产品和非周期性节庆文化旅游产品两大类。

周期性节庆文化旅游产品。休闲农业与乡村旅游企业和园区可以在一年内推出"开园日""丰收节"等，然后根据节庆的举办效果，每年或季节性举办某某花会（节）、农产品采收节以及相关产品的制作大赛和展览会、厨艺大赛等。

非周期性节庆文化旅游产品。根据社会的需要和实际情况，不定期举办农业栽培技艺比赛、采摘比赛、以某一果品或农作物为主题的书画比赛等节事活动。

（4）体验民俗旅游产品。休闲农业与乡村旅游企业和园区可根据独特的民俗资源，如宗教信仰、地方语言、服饰特色、饮食等，将这些民俗资源与旅游相结合，并合理地应用到旅游活动之中去，挖掘当地有文化底蕴、工艺传统、风俗习惯等特色的民俗旅游产品。

● **知识窗**

"专项旅游产品"是指面对特定的需求市场而设定的旅游产品，包括：①团体及协会活动旅游产品；②徒步旅行采摘旅游产品；③自行车爱好者观光采摘旅游产品。

28.休闲农业与乡村旅游有哪些开发模式？

（1）"公司+农户"开发模式。通过引进有经济实力和市场经营能力的企业，完成公共基础设施建设和改善环境条件，指导乡村居民开发住宿、餐饮接待设施，组织村民开展民族风情、文化旅游活动，形成具有浓郁特色和吸引力的乡村旅游产品，吸引和招徕国内外旅游者。

（2）"政府＋公司＋农村旅游协会＋旅行社"开发模式。该模式充分调动了各方面的积极性，发挥了各环节的优势，实现了各方合理分享利益又各司其职。政府负责规划和基础设施建设，优化基础条件，提供基础保障；乡村旅游公司负责经营管理和商业运作；农民旅游协会负责组织对村民的组织、培训，协调公司与村民的利益；旅行社负责开拓市场，组织客源。

（3）"农户＋农户"开发模式。该模式是由农户带动农户，农户之间自由组合，共同参与休闲农业与乡村旅游的开发经营。先有少数农户建立组织，选举出负责人，在负责人的领导下，农户们纷纷加入这一行列。这种开发通常投入少，接待能力有限，但保留了最真实的乡村文化，游客花费少还能体验最淳朴的本地习俗和文化。

（4）股份制开发模式。在开发乡村旅游时，可采取国家、集体、企业和农户个体共同合作，把旅游资源、特殊技术、劳动力转化成股本，收益按股分红与按劳分红相结合，进行股份合作制经营。

（5）个体农户开发模式。个体农民模式是最简单和初级的一种模式，它主要以农民为经营主体，农民自主经营，通过对自己经营的农牧果场进行改造和旅游项目建设，使之成为一个完整意义的旅游景区（景点），能完成旅游接待和服务工作。通常呈现规模小、功能单一、产品初级等特点。通过个体农庄的发展，吸纳附近闲散劳动力，通过手工艺、表演、服务、生产等形式加入到服务中，形成以点带面的发展模式。

29.休闲农业与乡村旅游规划要注意哪些问题？

搞好休闲农业与乡村旅游规划，对于休闲农业与乡村旅游的发展意义十分重大。休闲农业与乡村旅游规划要坚持统筹兼顾，在规划中要注意以下问题：

（1）休闲农业与乡村旅游规划不仅要考虑旅游区自身的利

益，而且还要兼顾所在地区的整体利益。一方面休闲农业与乡村旅游规划作为一个行业规划，应在当地宏观发展规划的指导下，与其他行业如林业、水利、国土规划等相衔接。另一方面休闲农业与乡村旅游规划虽然是对某一区域旅游发展的规划，但其发展要以当地为依托，因此，规划时不能只顾旅游区的利益，更不能为了旅游业持续快速发展而牺牲周边地区和农民的利益。应综合平衡各种社会因素，调节各种矛盾冲突，不仅要使景区得以发展，而且还要使与之相关的周边地区都受益。农民生活环境的改善、生活质量的提高，是旅游规划得以顺利实施和旅游区长期发展的关键和前提。

（2）休闲农业与乡村旅游规划要经济效益、生态效益和社会效益相统一。不可否认，发展休闲农业与乡村旅游对提高农民收入、促进农村经济社会发展具有积极的推动作用，但同时我们也应看到，休闲农业与乡村旅游的发展会给乡村的生态环境、民俗文化和居民生活秩序带来一定的影响。因此，休闲农业与乡村旅游规划应在促进农村社区协调发展和整体优化的指导原则下进行，兼顾经济、生态和社会三个方面的效益。科学合理的休闲农业与乡村旅游规划，应以保护优美、绿色的乡村田园风光，保护古朴、典雅的乡土建筑遗存，保护传统、朴实的乡村民俗文化，多层面、多角度地营造和谐、自然的乡村生态环境和社会环境，以更好地实现人与自然的和谐，促进休闲农业与乡村旅游业持续健康发展为己任。

30.休闲农业与乡村旅游建设存在哪些问题？

我国休闲农业与乡村旅游建设存在以下问题：缺乏规划的技术规范和理论指导，规划单位和成果内容五花八门；休闲农业与乡村旅游景区缺乏系统的景观规划设计，基础设施差，景观建设杂乱无章，主要表现在以下两点：

（1）过度城市化，丧失乡村特色。许多规划人员对城乡一体化的理解比较片面，以为城乡一体化就是农村城市化，就是将农村变成城市，要有高楼大厦、水泥道路、现代化的娱乐生活设施等。受这种思想支配，许多乡村的旅游规划显得过于城市化、现代化。具体表现在以下几个方面：第一，在旅游服务的接待设施规划上，只强调兴建现代化的酒吧、宾馆、度假别墅等，忽视了对现有农舍、乡村闲置建筑物的改造与利用。许多旅游规划将色彩艳丽的城市服务设施搬到了农村景区，有的甚至以影响美观为由，将原有的农舍拆除或改建成现代化的宾馆、别墅，破坏了景区的乡野气氛和生态环境。第二，在旅游景观设计上，只强调人造景观、现代景观，忽视了农田、农舍、农民、农事活动等自然景观。例如，在景区内建造游乐园、喷泉、水泥雕塑等，使景区浓郁的乡土气息丧失殆尽。第三，在旅游产品和旅游项目的规划上，缺乏传统的乡土文化气息，脱离了农村实际，即便有也多是一些低水平的模仿、抄袭，品位不高。例如，商业化倾向明显的"乡村婚庆活动"；纺织、书画、舞蹈等"纯粹表演性的民俗"项目在休闲农业与乡村旅游景区随处可见；游乐园、滑梯、蹦极等这些属于城市的活动项目比比皆是。这些旅游产品和旅游项目的安排，与游客对乡野风光、生活氛围的追求和体验大大偏离。第四，在农民新村的规划设计上，出现了越来越多的丧失乡土特色的城镇小区，忽视了对乡村意境浓郁、风光独特的聚落景观的构建。

（2）过度开发，环境保护不够。第一，对规划区周边环境建设重视不够。例如，有的景区内标识牌明显、道路畅

过于城市化的近郊乡村

通、环境优良，但一出景区没多远，道路就显得破烂不堪，缺乏明显的景点标识。第二，片面强调休闲农业与乡村旅游的经济效益，忽视了当地的生态和社会效益。发展休闲农业与乡村旅游能有效扩大农村劳动力就业，促进农业产业结构调整，推动农村经济发展，是解决"三农"问题和建设社会主义新农村的重要举措。但一些休闲农业与乡村旅游规划由于过于强调"旅游扶贫"对农村经济发展的推动作用，而忽视了生态效益和社会效益，导致一些旅游项目在开发过程中，对乡村生态环境造成了破坏，给乡村居民传统的生活习惯、民俗文化带来了负面影响。例如，一些乡村原有的清新自然的带有泥土气息的空气品质下降了，森林植被遭到破坏，河流被污染，乡村传统的民俗文化被城市文化所同化，少数农民弃农经商，甚至撂荒土地。

● 知识窗

以休闲农业与乡村旅游旅游资源所在地人民群众的根本利益为本，必须尊重农民的主体地位，把农民作为休闲农业与乡村旅游开发与经营的主体，尊重农民、依靠农民、激发农民的创业激情和首创精神，激发广大农民群众的发展活力。明确休闲农业与乡村旅游发展的工作重点是解决"三农"问题，就要把保障农民利益、提高农民收入水平、改善农民生活条件、加强农民就业技能培训、切实提高农民综合素质、实现"三农"全面发展等作为休闲农业与乡村旅游发展的根本出发点和落脚点。

31.怎样科学布局休闲农业与乡村旅游的发展？

发展休闲农业与乡村旅游关系到农业生产经营、农村文化开发和农村自然资源和环境保护等多方面。所以，发展休闲农业与乡村旅游，必须坚持科学的发展观，优化休闲农业与乡村旅游产业结构，培育休闲农业与乡村旅游产业链，对休闲农业与乡村旅游进行科学合理布局。

（1）以人为本，富裕农民。坚持以人为本的理念，以提高农民收益为出发点，服务于城市游客，要富裕农民，发展农村经济。乡村振兴，摆脱贫困是前提。必须坚持精准扶贫、精准脱贫，把提高脱贫质量放在首位，既不降低扶贫标准，也不吊高胃口，采取更加有力的举措、更加集中的支持、更加精细的工作，坚决打好精准脱贫这场对全面建成小康社会具有决定性意义的攻坚战。

（2）农旅结合，协调发展。以农业经营为主，在农业生产、加工和销售的基础上发展旅游业，以农业养旅游，以旅游促农业，二者互相补充、协调发展。

（3）科学开发，保护环境。发展休闲农业与乡村旅游必须重视保护自然资源和生态环境，提升乡村环境质量，防止农业污染，杜绝"破坏性"开发，保护农村自然景观，维持自然生态平衡。要科学安排地域环境容量，在旅游高峰期要严格控制游客数量，使其在景区环境承受能力范围之内，保持良好的生态环境。

（4）重视文化，保护创新。重视农村文化的挖掘和保护，在保护中求创新和发展。农村文化中的农耕文化和民俗文化丰富多彩，具有浓厚的乡土气息和较高的文化品位，要实行农村文化资源开发和保护相结合，继承和发展相结合。同时强化农村文化资源的可体验性和真实性，满足游客的自我需要和个性体验，感受更多深层次真实的文化内涵，获得更多不一样的体验，使得农村文化资源更有表现力和张力。游客的亲身参与、体验文化，带来的是内心的感悟和情感的共鸣。

（5）城乡结合，协调发展。城乡旅游开发一体化，将休闲农业与乡村旅游开发纳入城市旅游大系统中，统一规划和建设，科学开发和合理布局区域休闲农业与乡村旅游项目，提高旅游资源的开发与利用效果，使城乡之间资源和产品优势互补，市场共享，推进休闲农业与乡村旅游健康发展。

（6）有序开发，避免一哄而上。结合游客的需求形势，根据乡村自然、文化资源的价值，可观赏性、保留完整性等评价指标，选出可开发的领头羊，集中财力建造精品项目，建成一个、影响一片、以点带面、有序开发。避免不分重点主次、一哄而上、遍地开花。

● **知识窗**

怎样科学规划休闲农业与乡村旅游的发展？

发展休闲农业与乡村旅游要因地制宜，凸显特色，必须科学规划，搞好整体规划。

（1）摸清资源。认真调查分析当地资源条件，充分发挥区位优势和资源优势，合理开发农业资源、农业产品和农耕文化，准确地把握市场需求的变化规律，突出自己的特色，增强吸引力。

（2）科学定位。科学地确定郊区休闲农业与乡村旅游的功能定位，选择具有较强竞争力的主导产品。划分旅游功能分区，搞好旅游项目和景观布局。搞好基础设施规划布局，提供良好的发展环境。

（3）分析客源。认真调查分析游客的来源、构成、消费取向，根据城市游客的消费需求，开发适销对路的项目和产品。突出特色，树立品牌，防止项目雷同、重复建设、恶性竞争的现象。

32.怎样科学开发和设计休闲农业与乡村旅游项目？

应该根据乡村的具体地理位置来开发和设计项目，具体包括：

（1）城市远郊观光型休闲农业与乡村旅游功能区。在城市远郊，主要建设观光型功能区，观光活动可考虑以大片生态粮田、特色蔬菜、花卉苗木、乡村农舍、溪流河岸、园艺场地、绿化地带、产业化农业园区、特种养殖业基地、邻近自然、人文景观为主要内容进行。

（2）城市近郊休闲娱乐型休闲农业与乡村旅游功能区。在城市近郊，主要建设休闲娱乐型功能区，具体包括休闲型、游乐型、品尝型和研修型四种类型。休闲型休闲农业与乡村旅游活动应该在保持现有的棋牌、歌舞、体育、垂钓等常规休闲娱乐活动的基础上，以乡村特有的民俗文化、农业文化为主要内容，开发一部分新型旅游活动。可以充分利用乡村居民的生产生活场景、器皿工具、建筑、陈设、饮食、服饰、礼仪、节庆活动以及近郊优美安静的环境和种类多样的农业园区，建立家庭、少儿、银发、残疾人、自然休养村等主题农业园区，提供完善的旅游服务、娱乐设施和体验性农业劳作项目，供各类游客进行乡村度假旅游，与农民共同生活，体验乡村生活的质朴淡雅、体验耕种收获的喜悦。游乐型休闲农业与乡村旅游主要是开发各类型主题农业游乐园，供游客参观游览、进行参与性活动。如开发以农业文化为主题的农业游乐园，在其中设置风车、水磨（石磨）、手推车、脚踏水车、石臼、驴拉磨、织布木机、犁耙锄镐等农业生产工具，通过图形、文字和现代声像设备解说古老的农业文化和农业历史，开展水磨磨米面、水车灌溉、石臼舂米、木机织布、人工编织、手工刺绣、简单农具制作、陶制品制作等农业生产体验活动，让游客在参与过程中了解中国博大精深的农业文化和农业历史。品尝型休闲农业与乡村旅游可考虑将乡村食品资源与美食文化结合，开展以绿色特色食品为主的果品、特色风味小吃、健康保健食品、绿色生态食品、野菜、特种禽畜菜肴、烧烤等美食品尝旅游活动。食品应该以绿色营养、色香味俱全、原料独特的乡村食品为主。此外，还可以开展研修型休闲农业与乡村旅游活动，具体可以通过农村留学、参观考察、教育培训等多种形式，开展农业文化考察、特色农业考察、农业技术培训、农业知识学习等研修型旅游活动。

东方假日田园内景

（3）城乡结合部商务会议型休闲农业与乡村旅游功能区。在城乡结合部可以建设商务会议型休闲农业与乡村旅游区。城乡结合部离市区较近，交通方便，而且环境幽雅清静，可建设商务会议型休闲农业与乡村旅游区。现在已有很多游客利用乡村环境开展商务、会议活动，因此应该抓住这一市场机遇，完善城乡结合部的休闲农业与乡村旅游景点的商务会议设施，开展商务会议型乡村旅游。

（4）注重品牌建设，扩大产品知名度。品牌是产品的形象，是品质的代表，是游客选择的一个重要指标，休闲农业与乡村旅游产品品牌建设同样要具备清晰易辨、鲜明有力的品牌形象。品牌定位要突出该产品的核心价值，形象定位准确、口号鲜明，标识富有视觉的冲击和心灵的震撼，使游客在众多的信息中，时刻感觉品牌的存在。譬如，人们只要一提起"动感之都"的形象，自然就会想到香港；一提起熊猫的形象，就会想到四川；一提起"万绿之宗，彩云之南"的口号，就会想到云南。

33.休闲农业与乡村旅游地政府应制定哪些规划？

休闲农业与乡村旅游地政府要制定休闲农业与乡村旅游的总体和专项规划，避免无序开发、重复建设，保护投资者和经营者的旅游开发积极性，并使景点和配套设施建设相互协调。

总体规划就是在一个地域（行政区和旅游区）内，对旅游系统发展的总体目标及其实现方式进行的战略性规划，它是开发的依据。总体规划涉及的内容比较复杂，技术上有较强的专业要求，规划的时限也比较长，一般为10~20年，因此单独由旅游行政主管部门或政府发展计划部门来完成是比较困难的，通常要委托专业机构来完成。

专项规划就是企业根据总体规划，所做出的详细管理的具体安排，它是经营管理、项目审批和投资的依据。总体规划与专项规划相结合，才能实现休闲农业与乡村旅游的有序发展。

34.休闲农业与乡村旅游产品有什么特点？

休闲农业与乡村旅游产品和一般的旅游产品既有共性，也具自身的个性。休闲农业与乡村旅游产品开发不同于一般旅游产品的开发，更强调乡土性与参与性，总体而言，要注意以下几点：

（1）参与性。人们对于自己所创造出来的东西总是有种特殊的感情，因此，休闲农业与乡村旅游的商品不用急着把成品摆在柜台上，而应该让游客自己去创造它。这样既可以节省劳动力，又可以激发游客的成就感和购买欲望、增长游客的动手操作能力和见识。

（2）乡村性。所谓乡村性，是相对城市旅游商品来说的。乡村性主要表现在绿色环保特征、传统工艺特征、手工艺制作特征和民间原始特征等方面，这些特征是城市旅游纪念品所不具备的，因此有很大的市场。

（3）独特性。不同民族和地区的乡村有不同的风景物产、历史文化、风俗习惯、传统工艺、名人轶事等，因此，只有选择那些在别的地方不能或不易买到的特色商品进行开发才具有纪念意义。

（4）艺术性。爱美是人的天性，商品的艺术价值和美学价值是提升商品档次和品位的重要体现。游客在购买旅游商品的时候，总要经过精挑细选，那些粗糙的产品是不能满足游客需求的，同时还有损旅游地的声誉。

（5）实用性。人们购买一件商品，首先看重的是它的使用价值，没有使用价值的东西是不能成为商品的，因此，休闲农业与乡村旅游商品，尤其是日常使用的商品，如背包、水杯等，应该十分注意其实用性，尽量保证商品的质量和性能。

（6）纪念性。旅游往往表现为对特殊经历的追求，人们总是希望通过某种形式来纪念这段特殊经历，而旅游商品常常寄托着旅游者的情感和体验。因此，休闲农业与乡村旅游商品应当注重其地方或景区纪念性质，使游客感受到收藏价值。

（7）便携性。休闲农业与乡村旅游商品的销售对象大多是从城市远道而来的游客，因此，要充分考虑到商品的便携性，如商品的体积、重量、包装安全、保质时间等，尽量开发一些体积小、重量轻、保质期长的便携商品。

35.都市依托型和景区依托型在产品开发上有什么不同？

在旅游产品开发上，都市依托型休闲农业与乡村旅游目的地针对回头客宜实行"家"的模式。通过"家"，打造都市居民的第二个"家"，倡导亲情服务，塑造清洁、安逸、舒适的"家"园形象来赢得市场，让农民实现"零距离就业，足不出户挣钱"。

景区依托型休闲农业与乡村旅游针对观光客应该实行"景"的模式。通过"景"，打造民族风情浓郁、特色鲜明的"奇村"，提倡村寨景观化,把村寨变为观光旅游线路上重要节点,增强观光旅游核心竞争力——倡导体验服务,与所依托的景区实行捆绑式促销,借景区的"形",利用重大事件的"势",扬"民俗村"的"名",不断赢得大量国内外游客的青睐,在观光市场上争得一席之地。

36.如何开发娱乐型休闲农业与乡村旅游产品?

娱乐型休闲农业与乡村旅游产品开发的原动力是变化,是改造,是在原有的休闲农业与乡村旅游中强化体验。娱乐体验渗透到游客在乡村进行旅游活动的全过程,通过参与活动、观看演出等达到愉悦身心、放松自我的目的。这类农家娱乐型的休闲农业与乡村旅游主要通过以下途径进行:

(1)重视环境的提升作用。环境会影响人的心情,好的环境给人带来好的精神愉悦,因此要特别重视环境对精神的促进作用。

(2)开发内部的体验价值。实际上乡村体验旅游的从业人员本身也在进行一种体验,这种体验不仅可以提高工作的效率和创造性,可以更好地稳定人们之间的关系,起到沟通信息和知识共享、协调等作用。娱乐型休闲农业与乡村旅游产品中应该充分重视内部体验氛围的营造,加强员工之间的情感、尊重和成就方面的体验,为游客提供真实的娱乐体验活动,受到浓郁的乡村愉快、自由的氛围的感染。

(3)重视对游客感官刺激。不能只通过单一的感觉来提升体验,要作用于人的各种感官刺激,比如触觉刺激、视觉刺激甚至味觉刺激,因为许多体验都是从一连串感官刺激开始,然后才发展为某种旅游的主题,并对游客产生长久的影响和作用。

(4)重点设计游客感兴趣的项目。各时期示范表演(如古代生活情景);游客动手制作工艺品;有奖励的游戏和竞赛;动物拉车;农家风味的食物、饮料;表演、庆典、游行和各式各样的狂欢；赠送纪念品等。同时应当进行可行性论证，包括经济可行性分析、技术可行性分析、自然环境保护可行性分析等，以便确定乡村体验旅游开发在经济效益上是否合算，能否产生良好的社会效益和环境效益，在技术上能否达到要求的水平，以确保开发项目的顺利进行。

37.如何开发逃避型休闲农业与乡村旅游产品？

工作的压力、日常生活的烦琐、人际交往的复杂令现代人在生活中很少有时间来审视自己内心的真正需求，因此，通过到宁静优美的乡村暂时摆脱自己在生活中扮演的角色，抛开大量的工作和琐事，在轻松的环境中寻找摆脱束缚和压力后的真实自我。

逃避型的乡村体验旅游开发就是让游客到乡村体验乡村生活，使旅游者在相对淳朴的人际关系中放松自我，在恬淡、与平常生活相异的环境中把自己从紧张状态中解脱出来，从而获得舒畅和愉悦。如作者在云南丽江进行调查时，遇到一对台湾年轻夫妇已经在农家客栈生活了一周以上的时间。他们很少去名胜地旅游观光，多数时间是在"家"做饭，与大家聊天，热情地招呼刚来投宿的游客，悠然自得地生活。这样的例子在丽江乡村还很多，说明乡村体验旅游需求正在产生。

38.如何开发教育型休闲农业与乡村旅游产品？

旅游也是学习的一种方式，抓住目标市场追求的价值，集中于学知识、受教育的需求创造出独特的体验来。教育型的乡村体验旅游开发让游客愿意花更多的时间和金钱，来参与休闲农业与乡村旅游项目、知识发现、文化价值的挖掘、交际以及提升自我感觉等活动。乡村体验旅游是一种很好的教育下一代的方式，让孩子学习种蔬菜、做农活，体会劳动和收获的乐趣，在潜移默化中将节约、勤劳的教育理念灌输进孩子的意识中，寓教于乐。

39.如何开发审美型休闲农业与乡村旅游产品？

休闲农业与乡村旅游必将走体验式发展之路。由于这些地区多为山区，缺少发展第一、二产业常规经济的自然条件，又不具备交通区位的优势，常规的旅游业开展也受到各种外因的限制。但正是这种封闭使当地保留着原始而优美的自然环境，传统的农耕文化和淳厚的民族习俗，适合开展较长时间的深入欣赏和体会人文生态景观、原始乡村习俗的乡村体验旅游。旅游者通过感觉和知觉捕捉美好景物的声、色、形获得愉悦，继而通过理性思维和丰富想象体会乡村景物的精粹，由外及内体验美好的感觉。繁花、绿地、溪水、瀑布、林木、鸟鸣、蓝天等以及淳朴真诚、友好和善的农民，使游客从各个角度获得巨大的美感体验。

40.如何开发特色生态环保型休闲农业与乡村旅游产品？

开发特色生态环保型休闲农业与乡村旅游产品，要针对不同的旅游资源来制定不同的旅游规划，总体说来，需要遵循以下几方面的指导原则：

（1）为了便于指导旅游、发展旅游，建立良好的视觉传达系统很重要。建立很完善的交通视觉传达指示系统，利于停车进入景点：酒馆、酒店、垂钓、桃园、梨园、橘园、荷塘等；柏油路、水泥路、泥土路不同质地的路来导引看点；用不同宽窄的路来限制车辆通行，通过道路设计的语言暗示进行导向。规范导游的行为、举止和服装；做好酒店或旅馆工作人员的服装等形象设计和言行举止的规范等。

（2）在旅游景区或不同农庄，寻求差异性进行个性对比、风格对比、季节性对比。如满足二月赏梨花、三月赏桃花、五月赏荷花、六月采摘桃、八月采摘梨、十月采摘柿，同时提供垂钓、赏荷花、摘西红柿等，满足不同季节的旅游需求。

（3）农村住宅建设、绿化、美化与农业生产相协调，形成干净、整洁、文明、景致优美、空气清新、绿色农业、减少农药化肥的使用，通过生态循环，科技农业来顺应城市居民追求绿色环境，向往田园生活，让农村的生活环境成为城市的绿色生态环境的梦想，在心理上产生吸引，生活上产生互补。

（4）农村山水、田园、绿化、住宅环境等应具有强烈的环境意识，减少污染，保护环境，减少塑料垃圾、白色垃圾、农药、化肥的污染，利用好农村的住宅、寺庙、古树、名人、传统文化等发展旅游产业。经济的发展常常会带来环境的破坏，在此需要特别重视，环境资源一旦破坏，经济的发展也将是得不偿失的，不然农村旅游产业也只是昙花一现。

（5）农村旅游经济的可持续发展，关键还是要发展好农业。农业是农民的根本，也是休闲农业与乡村旅游的重要依附条件。不同的农业特色在休闲农业与乡村旅游中可以成为有特色的旅游产品的基础。

41.如何开发参与型休闲农业与乡村旅游产品？

参与型旅游产品包括社区参与型旅游产品和游客参与型旅游产品两种类型。

"农家乐"是较为普遍的一种参与型旅游产品。它是以农业资源为基础，以农、林、牧、副、渔为载体，以农事项目为主要内容的旅游活动。它能有效整合贫困地区的农业资源，带动当地农业生产的发展，实现农业产业化。如成都郫县的"农家乐"，带动了当地花木、瓜果、蔬菜就地销售，郫县借此调整农业结构，大力发展观光农业。农民以出售原材料为主，向半成品、成品生产转变，蔬菜、禽畜直接成为旅游接待的商品，全县已初步形成肉、蛋、禽、粮、菜的生产、加工、销售"一条龙"运作体系。

在参与型休闲农业与乡村旅游产品开发中，一定要挖掘和开发特种旅游产品。特种旅游是一种新兴的旅游形式，它是指为满足旅游者某方面的特殊兴趣与需要，定向开发组织的一种特色专题旅游活动。特种旅游侧重于参与性和体验性，游客通常愿意为之付出大量花费。特种旅游要求前期精心的组织、旅游地详尽的信息和完善的向导服务，但通常并不需要特别奢华的食宿设施和其他服务，所以对于基础设施还不算健全，又具有丰富的自然和文化资源的贫困地区可以考虑开发这一市场。如基于当地旅游资源和生物多样性开发生态旅游、探险旅游；在意大利的西恩那，当地的美食都可以成为吸引游客的旅游项目；在一些岛国，乘船参观偏远的地方，考察传统的生活和手工制作技术变得非常流行；在印度尼西亚参观制作纺织品的村落，传统的自然药品和医疗手段也被开发成了旅游产品；在斯里兰卡开发了天然保健度假村；考古挖掘在许多地方也很流行。

42.如何开发养老型休闲农业产品？

我国现有的养老模式主要有：家庭养老、机构养老、居家养老、社区养老4种。这些模式只能解决部分问题，它们有的已经变成了一种形式，根本不能真正发挥效用。例如长期以来形成了"家庭养老"的传统模式，在社会经济高速发展的今天，社会竞争越来越激烈，事业的压力不断增大，这使很多已进入中年的子女疲于应对。另外由于就业的压力和对发展前途的选择，很多子女都与父母不在同一城市，甚至不在同一国家，家庭养老必然成为形式，其实子女很难照顾到父母，很多空巢老人只能相依为命。机构养老方面，在北京、上海等大城市，城区养老院"一床难求"

现象十分普遍。

城市环境不适宜养老。人的生存环境对人的健康有直接影响，特别是老年人，对环境的要求更高，他们需要充足的阳光、清新的空气、洁净的水源、适宜的湿度、宁静的环境，以及多彩的自然景观，缓慢的生活节奏，长时间的心灵交流，避免外界强烈的刺激。而这一切需求，在现在的城市里是根本不能同时得到满足的。经过了长时间的工业化，城市的各种环境都发生了巨大的变化。工厂的增多，汽车的尾气造成了空气污染。年轻人工作竞争压力的加大促生了发泄情绪的喧嚣夜生活。城市生活已经不适合老人。

开发养老型休闲农业与乡村旅游的重要性。一边是要健康的身体、缓慢的生活节奏和精神抚慰，一边是健康的杀手、快而竞争的步调，这二者很难和谐。因此，既适合老人休养，同时又不会额外加重国家、子女的负担，这样的养老场所和养老方式就显得十分重要了。农村恰好就是这个支点。现在我国农村面貌正发生翻天覆地的变化，国家正在进行新农村建设，村庄规划更加科学，基础设施改善，交通、通信、医疗等硬件层次提高，环境变得更加优美。青山绿水、鸟语花香的皖南山区更是人间仙境，这里的山林就是天然"氧吧"，条条小河里流动的都是"矿泉水"，更有日出而作、日落而息的原始生活节奏，理应成为能够满足老年人物质和精神需求的休闲养老场所。

（1）合理选择修建养老的场所。选择离城区较近，高速路出口附近的乡镇修建养老场所。这些乡镇不但有美丽的自然环境，还方便子女看望老人，同时也方便老人们能经常到市区或县城购物和参加文化娱乐活动，还可在必要时方便老人到城区接受医疗救治。

（2）养老场所必须要有相关的配套设施。一是要有较高水平的乡镇卫生医院。老人经常有身体不适的时候，所以养老场所所在地必须有乡镇卫生医院，以便及时处理一些小疾病，同时还能帮老人做一些常规体检。这样老人才能安心休养。二是老人的住所里要有现代人生活必备的设施。城市人比较注重生活的质量和身心娱乐条件，因而在养老场所里必须要有洗浴、就餐、小型文体活动场所，并且每个住处都有网络和电视等即时通讯和信息传递设备，以解决老人生活及与子女们联系的需要。

（3）培养一定数量的高素质服务人员。光有好的硬件设施和美丽的自然环境并不就是很完美的，老人们在很多方面都需要有人照料，因而当地要建立一支高素质的，可做好老人服务工作的队伍。这就需要对当地的农民进行必要的培训，改掉一些农村的不良习惯，养成城里人的生活习性，这样才能做好服务工作。

（4）养老场所所在地和老人户籍所在地的政府要积极做好相关服务工作。养老是一个大的综合课题，涉及面广，有生活饮食、医疗救助、通讯、娱乐、精神抚慰等，单靠一个养老场所本身是完不成的。只有通过两地政府的积极参与、组织和扶持，建立强大的养老服务平台，组建专门的养老服务专业队伍，才能实现养老服务标准化、专业化、科学化。所以两地政府要加强联系、相互沟通，为养老事业做出自己的贡献。

43.如何开发特色乡村旅游产品？

特色旅游商品销售收入是旅游业发达地区旅游收入的主要来源之一。在旅游业较发达的国家或地区，旅游购物收入一般占旅游业总收入的40%以上。开发特色旅游商品是延伸旅游产业链、增强旅游消费弹性、转变旅游增长方式的重要手段。在贫困地区，特色旅游商品主要是指传统手工艺品和经过精加工与精包装的土特产品。

如山东潍坊杨家埠村以木版年画和风筝开发为代表的民间工艺文化，不仅具有较高的艺术价值和历史文化价值，而且也为旅游业的发展提供了高品位、高吸引力的旅游资源。杨家埠民间工艺产品主要是以家庭手工艺的形式组织生产，并向游客展示整个手工艺过程。村内还设有风筝扎制车间和风筝陈列馆，潍坊风筝节的举办也推动了当地风筝的生产和销售。当地人将静态的民间工艺转变成具有生活意义和生态意义的动态过程，形成了手工艺制作、操作、演示、展示、销售的一体化。目前，杨家埠村民收入仍以务农、手工制作风筝、年画为主。全村共有70余户、350余人从事风筝的扎制与制作，年产风筝10万只，创收105万元；年均印制年画总量在8 000令纸以上，年画创收81.6万元。旅游收入210万元，户均纯收入1万元，民间艺术品经济收入在社会总产值中占到了31.8%。

44.如何利用节事活动开发休闲农业与乡村旅游项目？

乡村的节事活动用来开发休闲农业与乡村旅游项目，可以从以下几个方面入手：

（1）农村风光型。这是最基本的休闲农业与乡村旅游形式，即"到美丽的乡村去放松自己"，感受自然的魅力。这种旅游多以各地的美丽风光和特色景观为切入点，吸引游客进行观光游览。如北京延庆冰雪旅游节、成都双流梨花节、中国西岭雪山南国冰雪节、齐齐哈尔观鹤节、伊春森林旅游节，等等。

（2）农业产品型。这种旅游把旅游和举办地的农业产品结合起来，使游客体验到与城市生活生产完全不同的生活状态和节奏，达到逃逸日常生活的心理需求。这类节事活动以体验农业的生产过程为主，辅以体验各种农村生活方式，如北京辛庄村的樱桃采摘节、通州西集镇的绿色果树采摘节、哈尔滨松北的葡萄采摘节、鄞江澄浪潭休闲钓鱼节，等等。

（3）民俗文化型。中国拥有众多少数民族和各种传统节日，在这些民俗文化资源所表现出的独特的民族文化、生活习俗都可以成为吸引游客的重要因素。如同江赫哲族旅游节、连州保安重阳大神盛会、宁波市首届乡村美食节、天台山高山茶文化节，等等。

（4）历史典故型。通过历史上比较有影响力的事件、遗址、名人等，在此基础上开发出休闲农业与乡村旅游节事，如都江堰李冰文化节。

（5）综合型。综合性的休闲农业与乡村旅游节事活动主题综合多样，不拘泥于某种具体的活动内容或某种体验形式，去开发深层次的旅游体验产品。如郫县休闲农业与乡村旅游文化节、成都天台山养生节、大连万家岭老帽山映山红旅游文化节，等等。

45.如何利用乡村文化来策划休闲农业与乡村旅游项目？

充满了乡土气息的文化对旅游者是一种吸引，利用乡村文化来开发休闲农业与乡村旅游项目，可以从以下几个方面考虑：

（1）打造"天人合一"的环境。田畴、农舍、篱笆、豆角秧，窗含新绿，户对鹅塘，努力增加"大自然"在游客心目中的份额，多在"绿色户外"上做文章，使游客在吃、住、行、游、购、娱上更加贴近自然，融入自然，使乡村真正成为游客"回归自然"的绿色家园，使游客从楼房和汽车里暂得解脱。

（2）营造"乡村暗静"的境界。乡居夜景正宜突出明月的清辉、星光的闪烁，让游客于竹椅草榻之上静数夜幕流星，漫观萤光树影。不要把农居夜景搞得灯火辉煌，如"昼"般亮，"夜"的魅力就消失了。有安全保障的夜幕掩

苗寨纺织街

映，正是时时处于"光污染"包围中的都市游客所追求的新奇体验。

（3）展示农事活动。插秧、播种、割麦子、晒谷子、剥玉米，自制腊肉、酱肉，自酿米酒、高粱酒、醒糟等，以不为都市人所熟悉的农业生产过程作为卖点，特别是特色农产品生产过程。有条件的可设置风车、石磨、手推水车、石臼、驴拉磨、木织布机、犁、耙、锄、镐等多样多样农业生产用具的展示，配合对古老的农业文化和农业历史的解说，组织开展石磨磨米面、石臼舂米、木机织布、手工刺绣、人工编织、简单农具制作、陶制品制作等生产体验。

（4）再现农耕场景。把农耕生活形态的一些典型景象提纯集萃，源于生活而又高于生活地再现于乡野大地。如麦场、荷塘、水车、石碾等。牛背横笛、鸡啼犬吠、"村头老槐树""门前小溪"、集庙、戏台等都是农耕生活形态的绝妙点缀。

（5）做好节庆活动。婚丧嫁娶、红白喜事，中秋端午、春节元宵，乡村传统的挂灯笼、贴对联、放鞭炮、舞龙斗狮等，都是城市人日常生活中所欠缺的看点。平日里保持乡村特有的邻里和睦的氛围，不必刻意展示节日内容，什么日子做什么事，重在感染游客。

"越是独特的，就越是普遍的"。旅游产品就是销售"异"字。休闲农业与乡村旅游必须突出农耕文化，农耕文明与工业文明对比度越大，其田园意味越足，农耕文化特点越突出、越典型、越贴近都市居民亲近大自然的"乡梦"，其旅游吸引力就越大。

茶马古道文化

46.休闲农业与乡村旅游设计如何突出乡土气息？

休闲农业与乡村旅游是"吃、住、行、游、购、娱"六大要素的集合，我们只有把乡土性和原生态贯穿于旅游活动始终，才能使休闲农业与乡村旅游明显区别于其他类型旅游活动，才能在旅游市场中占得一席之地。

（1）景观要具有原生性。原生性是休闲农业与乡村旅游的根本特性。田园风光、泥土芳香、农舍民情，其真正的优势在"土"字，在其原生性，这些才是吸引城里人的法宝。

（2）房屋要体现乡村特色。自家屋里的乡土气息、乡村趣味正是城里人所期待、希望、追求的。因此，休闲农业与乡村旅游不能搞都市化、高档化。

辽宁庄河市的天一庄园

（3）饮食要土制土吃。农家饮食要力求"土味"和"野味"，菜品的原料要本地种植的蔬菜和养殖的鸡鸭鱼，烹饪方法要按照传统的家常味，菜要土碗装，柴最好用茅草或秸秆。此外，游客

63

也可以自己到菜园摘菜，下厨掌勺亲自做一餐农家饭。

（4）娱乐活动要丰富多彩。现阶段休闲农业与乡村旅游的娱乐活动一般都是是卡拉OK、麻将、纸牌和看录像，这让旅客丝毫没有新奇的感觉，因此要从"原味"的角度展示农事活动，如插秧、拾穗、割稻、浇菜、牧牛羊、饲鸡兔，让游客短时参与并配以讲解示范。

（5）旅游商品要有乡村特色。休闲农业与乡村旅游根植于乡村，与农业生产息息相关，农产品可以跳过流通环节直接到达消费者手中，这种带有"土味"和"野味"的农产品作为旅游商品可以让游客延续在休闲农业与乡村旅游的快乐和回忆。

47.如何进行农旅结合的复合型开发？

在发掘和增强农耕游憩性和观赏性的同时，不能影响农民的农业收入，可以从以下几个方面来考虑：

（1）种"色彩田"。美学素养较高的种植者可以考虑到农作物的色彩。春之麦苗最先给大地带来绿色；金灿灿的油菜花渲染着春的风采；夏季的荷、稻；秋天的荞、葵；桃花红时杨柳吐翠，稻麦黄处绿荫成行。自看种植者的"色彩搭配"。景色之"色"是风景美的重要组成部分，"色彩田"如同画在大地上的美丽的图画，使农民在种田的同时为游客贡献色彩缤纷的田园风光。

（2）一季变四季游。利用当地的文化自然风光、农林资源、自然地貌、特色商品等，有机的结合农旅互动发展模式，打造以特色自然观光为主体，以四季花卉、菌、果等特色农副产品等观光型景观基地为主体，以自然生态环境为主线，以特色农副产品加工为支撑的现代观光、农产品加工一体化乡村四季旅游，深化反季节旅游发展内涵，推行"观赏性+学习性+参与性"的旅游模式。设计深度体验的慢游产品，平衡季节性产品项目，以应对淡季较为明显的客源不足，满足差异化细分市场需求。打破旺季

油菜花开

和淡季的界限，以缓解季节性带来的不良影响。通过改进产品或实现产品多样化，使消费者认识到旅游淡季的优势，淡化季节性，让游客四季均可体验户外休闲和旅游活动带来的乐趣。

（3）种"迷宫田"。具有旅游知识的种植者可能种出"迷宫田"。把田埂渠道设计成迷宫线路，让游客在青纱帐内乘趣游走；也可把菜园种成"迷宫园"，各路段设置果蔬奖品以提高旅游者兴趣。

（4）设立"动物幼儿园"。把各户幼禽幼畜集中起来搞个"动物幼儿园"，肯定能吸引儿童游客；或在风景优雅处设"牧场"，牛羊悠然食草，牧童手握横笛，于绿茵地或野餐或烧烤，别有情调。

（5）设立"大自然"庄园。在田园适宜处设石桌石凳遮阳伞，或利用树荫渠旁置躺椅秋千，把大自然建成游客的大"庄园"，让游客充分享受广阔的户外空间。

（6）设立"戏水场所"。把灌渠硬化并适当加宽，为游客提供戏水场所。也可修建"人工泉"（把出水口适当掩蔽），喷洒"人工雨"（把喷灌设施加高），这都能激发游客的兴趣。

48.开发休闲农业与乡村旅游商品有何意义？

（1）发展休闲农业与乡村旅游商品产业是休闲农业与乡村旅游产业可持续发展的重要条件。休闲农业与乡村旅游商品是休闲农业与乡村旅游六要素中"购"因素发展的重要支撑点，是发展休闲农业与乡村旅游的重要吸引物。同时，不断开发出新的休闲农业与乡村旅游商品，不仅可以满足旅游者的需求，而且能够创造出新的旅游消费，从而增强地区旅游市场生命力。

（2）发展休闲农业与乡村旅游商品产业对扩大农民就业起着积极作用。休闲农业与乡村旅游商品的开发、生产与经营，扩大了农民的就业机会，特别是充分调动了广大农村妇女的积极性，使农民收入不断增加。开发休闲农业与乡村旅游商品产业的过程中，传统意义上的农民已经转型成为有自信、有技术、有文化、懂市场的新型农民。现在各地都涌现出了一些以从事休闲农业与乡村旅游商品生产为主导产业的专业村和专业户。

（3）发展休闲农业与乡村旅游商品产业是增加休闲农业与乡村旅游收入的重要来源。据统计，世界上发达国家的旅游商品收入占旅游总收入的比重可达40%~60%，平均为30%，而我国这一比例为22%。通过文化创意的注入，普通的农产品，农村生产、生活资料都可以变成别具一格的休闲农业与乡村旅游商品，实现了从产品到商品，再从商品到纪念品的三级提升，其附加值大大提高，增加了休闲农业与乡村旅游的收入。

（4）发展休闲农业与乡村旅游商品产业对传承和弘扬乡村民俗文化具有重要意义。休闲农业与乡村旅游商品的开发、抢救、整理，复苏了一大批流传于乡村、濒临灭绝的民间工艺、手艺、绝活儿等非物质文化遗产，使其重放异彩、后继有人。休闲农业与乡村旅游商品从而成为传承和弘扬民族民俗文化的载体。

● **知识窗**

休闲农业与乡村旅游商品

休闲农业与乡村旅游商品是指伴随休闲农业与乡村旅游而产生的、供游客购买的、具有乡村特色的旅游商品，它既满足旅游者的购物需求，也对旅游地形象的传播起到了重要的促进作用。休闲农业与乡村旅游商品主要包括土特产、旅游纪念品、旅游工艺品、文物复制品、旅游食品、旅游活动用品等类别。

49.怎样让休闲农业与乡村旅游带动农特产品销售？

销售农特产品是休闲农业与乡村旅游景区提高经济效益的有效途径之一，可通过各种途径让休闲农业与乡村旅游者"走进来，带回去"。

（1）游客直接购买。城市人十分重视养生，乡村洁净的空气和水培育出来的农副产品，新鲜又无污染，如果能在保证质量和不过分抬高价格的前提下，游客一般会在休闲农业与乡村旅游中直接购买喜爱的农副产品，如土鸡、土鸡蛋，田间放养的鸭、鹅，散养猪肉、羊肉，以及村民自己制作的干货、酒类等会受到旅游者的追捧，出现热销的可喜场面。

（2）企业加工销售。还可依托乡镇企业和旅游商业企业，进行农副产品的深加工、旅游纪念品的生产等。在规模效益好的旅游区域可设立大型的购物点，促进农副产品和纪念品的销售。如成都市在郫县农科村、锦江区三圣乡等旅游区开办了乡村旅游商品购物中心，销售包括食品、用品、工艺品三大类的数百种成都市乡村特色旅游商品，取得了不错的经济效益。

50.常见的休闲农业与乡村旅游产品有哪些定价策略？

休闲农业与乡村旅游产品定价既是一门不可少的学问，更是一门营销的艺术。常见的定价策略有以下4种：

（1）推算游客整体旅游成本，确定指导定价策略。要想确定旅游商品基本定价，应先通过近几年游客的资料，进行数据的收集、归类、整理和详细统计，推算出游客在当地平均所花费用，在去除吃、住、行、娱、游的消费量，从而得出游客预期对旅游商品购买的投入平均数，再参照旅游商品成本来确定其基准定价。

（2）结合旅游商品自身特点，制定不同时期定价策略。一般来说，处在介绍期的旅游商品由于刚入市场，产品扩散慢，销售渠道少，市场需培育，成本费用较高，且作为新产品出现，具有稀缺性，宜采取较高的定价策略。到了成长期这一阶段，由于市场局面已经打开，分销渠道较为畅通，销售量也不断提高，成本费用明显下降。与此同时，竞争者也大量增加，此时应适当下调价格，达到排挤竞争者的目的。进入成熟期，市场竞争日益激烈，游客的购买量有限，此时以保持市场份额为目标，可以采取竞争性低价策略。到了衰退期，旅游商品价值大幅下降，使用价值也不断缩水，宜采用大幅降价策略，以利成本收回。

（3）针对目标游客的不同特点，适用不同的心理定价策略。一般来说，对于价格较敏感的游客尾数定价策略往往能够刺激其购买冲动。对于高档次显示游客地位身份象征的旅游商品尾数定价策略就不合适，在这种情况下，就应采用声望定价和整数定价策略相结合的方式，树立价高质优的品牌形象，以较高的价格吸引他们购买。对旅游商品价格和质量双重敏感的顾客可以考虑采用分档定价策略，即把同类型的产品按不同档次制定不同价格，满足他们的不同需求心理。

（4）考虑旅游的季节性因素，采用不同的折扣定价策略。旅游市场的一个鲜明特征就是具有季节性，旅游商品也应顺应游客季节性变化特点来运作。在旺季可以采用数量折扣的方式，这主要是基于游客购买旅游商品不仅仅是满足自己的需要，更多的是用于赠送亲朋好友。在淡季，则可以采取对旅行社的折扣方式，以利于导游劝导游客对旅游商品的关注和选购，最终实现旺季扩大销售量、淡季稳定销售量，均衡全年生产的目的。

51. 什么是休闲农业与乡村旅游生态系统？

休闲农业与乡村旅游活动与其所依存的自然、社会、经济环境之间的相互作用所形成的具有特定结构和功能的自然—社会—经济复合体系叫休闲农业与乡村旅游生态系统。乡村自然环境系统是由大气、水文、地貌、土壤、生物、景观等组成的自然综合体，是维持和发展休闲农业与乡村旅游的物质基础和根本保障。乡村社会环境系统由乡村的人口状况、居住条件、市政设施、生活服务设施、文化娱乐设施等组成人文综合体，是发展休闲农业与乡村旅游的重要支撑。乡村性的特色是休闲农业与乡村旅游发展的无穷动力和源泉。乡村经济环境是以人为资源核心，由乡村农业、工业、商业、建筑、交通、信息、金融等产业子系统组成的经济结构体系，是休闲农业与乡村旅游生存、发展的基础条件。

旅游地生态系统是休闲农业与乡村旅游规划资源与环境的统一体。与其他生态系统构成因子一样，一方面旅游规划资源与环境的演变同样也必须遵循生态学的基本规律。根据美国生态学家哈定和小米勒提出的生态学三定律，可得出三个结论：①旅游规划生态系统中的所有事物（包括旅游资源及其各个构成因子）是相互联系和相互影响的，旅游活动对旅游资源与环境的影响也不是孤立的。②旅游活动不能对旅游规划地生态环境中的生物化学循环有任何干扰。③旅游活动影响旅游规划资源与环境后会产生无数效应，其中许多效应是不可逆的。这三个基本结论给我们提出旅游活动管理的基本原则和基本要求。根据景观生态学的理论，在旅游地生态系统规划中，由于旅游区划而对旅游资源进行的分割构成了不同类型的景观单元（即斑块），这些景观单元的空间格局随着生态过程的作用而不断改变。

● 知识窗

休闲农业与乡村旅游生态景观

休闲农业与乡村旅游生态景观的概念产生于景观生态学与休闲农业与乡村旅游的结合，是一个比较新的概念，它包括由若干乡村生态系统组成的旅游景观要素。与基本的生态景观设计要求一样，这些要素之间应具有明显的生态学过程特点和空间异质性，其景观的结构、功能和动态方面的表现应具有可持续性。休闲农业与乡村旅游生态景观使得休闲农业与乡村旅游在传统的发展基础上能更有效地利用乡村旅游资源发展旅游。生态整体性、景观异质性和自然属性原理是休闲农业与乡村旅游生态景观的三大核心理论。

目前国内的休闲农业与乡村旅游生态景观还处于初级阶段，主要是以田园自然生态景观为背景，以"农家乐"为接待方式。活动场所局限在庭院、乡村种植园林，旅游活动停留在以田园风光、主题农园、乡风民俗、餐饮娱乐上；休闲活动以棋牌、歌舞、美食品尝、球类、游泳等体育运动为主。总体上看，与传统的农业观光旅游区别度不高。这些现状反映了休闲农业与乡村旅游生态景观在规划原则上的模糊，缺少生态特质，或缺乏旅游特色斑块，难以形成吸引力。为此，有必要对休闲农业与乡村旅游生态景观规划原则加以明确，以增强其生态、旅游观光斑块的多样性，切实促进现代休闲农业与乡村旅游生态景观的发展，实现经济、社会和环境的综合效益。

52.休闲农业与乡村旅游生态系统中的环境要素有哪些方面？

休闲农业与乡村旅游生态系统中的环境要素包括水系、大气、地貌、土壤、生物等几个方面的内容。

（1）水系。包括景观用水和游憩用水两个部分。水是休闲农业与乡村旅游中的点睛要素，清洁、明亮的水体不仅能吸引旅游者的目光，还能引得他们嬉戏其中，而且好的水质也能佐证当地良好的生态环境。乡间的小溪、沟渠、坝塘、湖泊都可以作为吸引休闲农业与乡村旅游者的旅游水资源。

（2）大气。是休闲农业与乡村旅游的卖点之一，乡村地域清新的空气蕴藏着泥土的芳香，往往成为旅游者留恋的条件之一。

（3）地貌。地貌景观，可分为观光性质和体验性质两类。大地自然起伏形成的岭谷，不仅让视觉形象相互映衬，而且也为登山、采蘑菇、采野果等活动提供了场地。

（4）土壤。不同的土壤类型也能成为吸引休闲农业与乡村旅游者的视线，如云南东川红土地就以其广袤的砖红壤成为摄影爱好者的天堂。

（5）生物。生物可用于观赏，也可用于体验。如采摘体验、品尝体验等。另外，利用各种乡土植物、动物展开生态教育、科普教育又是近年来新兴的旅游活动。

53.休闲农业与乡村旅游生态系统中的人文要素有哪些方面？

乡村生态旅游中的人文要素主要包括以下几个方面：

（1）建筑。既可观其形，又可用其体，具有全面体验乡村文化的功效。

（2）聚落。由众多单体构成，是旅游者了解乡土文化的实物形式，而且能够在视觉上形成对旅游者的冲击。

（3）服饰。包括观赏性和实用性两种。前者往往陈列于乡村博物馆内，后者常现于当地人的穿着和旅游商品定点购物店内，由于其较强的适用性和地方特色，往往成为销路较好的旅游商品。

（4）语言。语言是文化得以延续的关键，是乡村气息体现的亮点。少数民族的语言，特别是美好的祝词，往往是休闲农业与乡村旅游者学习的"热点"；经营者、服务人员较浓的乡音，既是区别于城市的符号，又是乡村特色的体现。

（5）环境。包括软硬环境，具体有各种基础设施和精神风貌、人文环境、社会治安、环境卫生等，是吸引、留住旅游者的重要因素，也是旅游活动得以顺利开展的基础。

（6）当地居民对旅游者的态度。当地居民是活的旅游资源，他们的精神状态和好客程度，决定着旅游者的旅游体验。在休闲农业与乡村旅游区，当地居民可以划分为"直接从事旅游人员""间接从事旅游人员"和"不从事旅游人员"三个类型，三类人在休闲农业与乡村旅游发展中所起到的作用各不相同，但每一类人都与休闲农业与乡村旅游的发展息息相关。

54.休闲农业与乡村旅游为何要进行环境保护？

休闲农业和乡村旅游作为新兴的一个旅游项目，主要是在一些大中城市郊区和旅游景区周边发展起来的以庭院和田园为依托的特色民俗旅游形式，休闲农业与乡村旅游以展示民俗风情和农事活动为特色，提供休闲度假、特色餐饮及农事参与等旅游活动内容，适应了现代旅游者追求"个性""回归自然"的需求。在休闲农业与乡村旅游对经济社会发展产生巨大带动作用的刺激下，近年来我国休闲农业与乡村旅游开发异军突起，但是受片面追求经济社会效益的非可持续发展理念影响，一些地区出现了盲目开发、不顾生态资源规律的开发，难以按照统一规划、科学指导的原则进行统筹性、整体性开发，置生态资源环境客观规律于不顾，对其产生了巨大的负面影响。有的地方在进行休闲农业与乡村旅游资源开发中，打出所谓的"特色乡村生态游"的招牌，不按本地资源生存发展的客观规律进行过度开发或盲目利用，这种急功近利、不注重生态环境保护的旅游开发模式对于整个农村生态旅游经济的发展将是致命的，一旦农村生态环境遭到破坏，尤其是土壤、水体等的污染，农村生态系统失去平衡，要恢复原来的状态将会是极其漫长而艰辛的。而且更为严峻的是，在这些地区，人们的环保意识比较差，对破坏环境的行为往往视而不见，再加上这些地区基本上都没有环保资金的贮备，缺乏一定的环卫设施设备，能够保证环境恢复的经济、技术力量非常薄弱，环境破坏之后会直接影响到该地区人们的生产生活，形成恶性循环，从而影响到地区整体社会经济的发展。最终，不仅付出巨大的经济成本，更重要的是付出惨重的资源代价。休闲农业与乡村旅游开发必须要精打细算保护自然资源的"经济账""生态账""资源账"，但更重要的是盘算好"资源账"，如果休闲农业与乡村旅游开发过程中不注重对资源的保护、不尊重乡村资源自身发展客观规律，很有可能造成当地整个生态资源系统的严重退化。因此，必须强化实施休闲农业与乡村旅游开发和经营两个过程中的环境保护措施，进行有效的环境保护控制，使休闲农业与乡村旅游循着"生态旅游"的模式健康、良性发展，切实发挥旅游带动农村经济发展的作用，实现经济效益、社会效益和环境效益的统一。

55. 休闲农业与乡村旅游生态保护工作中存在哪些问题？

休闲农业与乡村旅游是一个新兴的产业，很多地方政府对休闲农业与乡村旅游中生态保护必要性的认识还不足。就目前而言，地方政府在休闲农业与乡村旅游的生态保护工作中存在的问题主要体现在以下三个方面：

（1）重发展，轻保护。首先，政府在休闲农业与乡村旅游中重发展、轻保护，政府没有对休闲农业与乡村旅游进行统一规划，使得休闲农业与乡村旅游的接待设施建设零乱、分散，与周边的景色不协调；其次，休闲农业与乡村旅游在区域规划体系中的地位比较尴尬，尚未明确，休闲农业与乡村旅游点的建设缺乏国土部门的合法"通行证"。

（2）重理念，轻标准。各级政府都知道旅游地环境保护的重要性，但是对休闲农业与乡村旅游缺乏系统的、有针对性的环保规范和标准。由于无系统的、针对性强的标准可依，休闲农业与乡村旅游企业不知道怎样在规划、节能环保材料、设施设备的采用、食品采购、生产、服务等方面减少对生态环境的影响；同时，评价标准的缺失也加大了执法者监管工作的难度。

（3）重审批，轻监管。休闲农业与乡村旅游生态保护过程中，各级政府都重视环保的审批程序，但是对于环境保护起真正作用的日常监管落实不到位。相关部门监管不力。其中包括：休闲农业与乡村旅游企业经营缺乏环保监管；规划设计不符合生态要求；环保部门服务工作不到位，执法不严；对于垃圾乱倒，废水乱排、废气没按规定排放等一系列污染环境的现象，环卫部门没有发挥好监督检查的功能。

56.休闲农业与乡村旅游对乡村环境的不利影响有哪些方面？

休闲农业与乡村旅游对乡村环境的影响是巨大的，既有好的影响，也有不利的影响。一般认为不利的影响主要有以下三个方面：

（1）游客对环境的影响。大量游客的到来，会造成对大气、水、土壤、生物等的影响。一方面，乡村社区一般不具备完善的排水系统和污水处理设施，生活污水利用农田灌溉系统进行排放。大量旅游人口拥入农村，生活污水得不到充分的净化，增加了河渠的负荷，容易造成对地表水体的污染，进而对农田土壤、农作物造成污染。另一方面，休闲农业与乡村旅游者一般借助私人交通工具前往旅游地，交通沿线在黄金周、周末等高峰期会造成空气质量超标的现象。而一些休闲农业与乡村旅游公路两侧对绿化树种的选择欠缺考虑，农田直接在公路沿线两侧耕种，容易造成对农作物的污染。

（2）旅游行为对环境的影响。不负责任的旅游行为，会带来大量的不可降解的物质进入农村地域。由于休闲农业与乡村旅游消费门槛较低，休闲农业与乡村旅游还没有真正作为一种旅游产品进入旅游者心中，休闲农业与乡村旅游缺乏风景名胜区的管理机制和管理队伍，游客主观意识和旅游区客观约束的放松容易造成旅游垃圾对生态环境的污染。从旅游者随手扔弃的塑料瓶、塑料袋，到乡村露营者开挖的"行军灶"、燃烧废物等都对生态环境造成了影响。从经营者的角度来看，由于缺乏相关法规、条款的制约，很多经营者不负责任的堆放、倾倒，以及简单的垃圾填埋措施也造成了对生态环境的污染。

（3）建筑对环境的影响。不符合地方特色的设计和建设，往往造成自然景观的不协调，甚至破坏乡村整体形象。对于以旅游收入作为重要经济来源的乡村，乡村性是吸引游客的永久动力，因此不论经济条件如何改善，都不主张建非本地风格、非本地取材的建筑。当然主人用房内部装饰、家具搭配可以紧跟城市生活。对于旅游收入较少或不开展旅游活动的乡村，经济上得到实现后，我们也不主张非本地取向的建设。因为，当代人留下的资产将是后代人的财富，自然旅游资源我们不能创造，但我们能为子孙后代留下更多的人文旅游资源。

57.休闲农业与乡村旅游对乡村人文生态系统的不利影响有哪些方面？

休闲农业与乡村旅游对乡村人文生态系统的不利影响主要有以下四方面：

（1）对本土文化的冲击，造成文化趋同。外来的主流文化容易形成对本土文化的冲击，引发本土文化的瓦解。文化趋同是国际化发展的误区，但却较难纠正。在全球化、一体化快速发展的时代，很多文化元素还没有来得及鉴别和保护，就已经被遗弃。世界文化的多样性正在丧失。相对生物多样性的保护而言，文化多样性的保护也应该得到同样关注。从这个意义上说，休闲农业与乡村旅游活动的开展，有利于乡村文化的挖掘、传承和保护。但没有规划、缺乏指导的休闲农业与乡村旅游开发往往造成对乡土文化的致命打击。

（2）对地方文化的扭曲，造成伪民俗化。功利性的旅游发展观，往往容易造成对地方文化的扭曲，造成伪民俗化。为迎合旅游者求新、求异的心理，旅游策划者往往把乡间风俗、乡间民情表演化和快餐化，容易引起旅游者对当地文化的误解。当然其中不乏转化得较好的乡村文化，如休闲农业与乡村旅游中的篝火晚会、民俗歌舞晚会等。

（3）对传统伦理的改变，造成黄色传播。伴随旅游业而来的服务行业，会改变乡村朴实的伦理观和道德观。旅游业具有较长的产业链，因此旅游业的发展能全面带动区域经济的发展。但在经济发展的同时，一些黄、赌、毒的东西也会随着商业利益的驱使和人口的流动进入乡村地区，甚至有泛滥之势，对乡村淳朴的民俗和道德伦理造成强烈冲击。

（4）对文化接受的不平等，导致新的不稳定。旅游利益的分配不公，是乡村新的不稳定因素。休闲农业与乡村旅游人文生态环境营造是乡村社区全体人民的责任和义务，但休闲农业与乡村旅游的收入却只进入了部分农户或部分进入农户的口袋。随着休闲农业与乡村旅游的进一步发展，会拉大乡村居民间的贫富差距，造成文化接受上的不平等，容易形成农村新的不稳定因素。

58.休闲农业与乡村旅游和自然环境的关系是怎样的？

乡村振兴战略指出，"乡村振兴，生态宜居是关键。良好生态环境是农村最大优势和宝贵财富。必须尊重自然、顺应自然、保护自然，推动乡村自然资本加快增值，实现百姓富、生态美的统一"。休闲农业与乡村旅游必须是在推进乡村绿色发展，打造人与自然和谐共生发展新格局下进行的。休闲农业与乡村旅游与自然生态环境保护的相互关系主要表现在以下两个方面：

（1）自然环境是休闲农业与乡村旅游发展的基础。优美、协调的自然生态环境是休闲农业与乡村旅游发展的基础。"脏、乱、差"不是乡村生态环境对游客的吸引力。在休闲农业与乡村旅游的策划中，我们常常用"土得掉渣"来形容产品的乡村性，但这个"渣"并不是垃圾、污水和满天飞舞的苍蝇，而是与城市完全不同的一种特色，或者是一种独特的乡村文化。休闲农业与乡村旅游地一般都是在乡村生态环境优越、农业产业发达的地区发展起来的。

（2）休闲农业与乡村旅游促进自然环境的改变。休闲农业与乡村旅游有利于乡村自然生态环境向着乡土化、特色化的方向发展。通过休闲农业与乡村旅游活动的开展，当地社区和当地居民获得经济上的收益，掌握了"扩大再生产"的资本（包括资金和经验）。通过集体旅游项目创收、农家乐项目税费等渠道集资，乡村生态环境的营造能够获得经费的支持。同时，经营者在规划人员和政府管理人员的帮助下，不断积累经验，认识到乡土化、特色化才是休闲农业与乡村旅游对城镇居民形成长久吸引力的关键，将引导他们走上特色化的开发道路。

59.休闲农业与乡村旅游对生态环境有哪些污染和破坏？

伴随着经济的发展，全国各地纷纷发展休闲农业与乡村旅游。一些政府在开发旅游资源时，缺乏调查研究、科学论证，忽视环境影响评价与区域规划，一味追求短期经济效益，轻视环境效益。当前休闲农业与乡村旅游业中生态环境问题主要存在于以下几个方面：

（1）固体废弃物污染。主要是指生活垃圾。生活垃圾处理一直是困扰乡村的棘手问题。一方面是大量游客进住乡村消费，产生的无机垃圾，包括各类塑料制品及包装物，还有炉渣、煤灰、废纸、口香糖等。另一方面是旅游区内的饭店、旅馆产生的有机垃圾，包括剩菜剩饭、瓜果皮核、菜根菜叶、人畜粪便、动物尸体等。这类垃圾不集中及时处理必定会招惹蚊蝇、滋生细菌、传播疾病、污染环境，直接影响旅游区的生态环境指数。

（2）水体污染。发展旅游的乡村地区一般都有较好的自然环境，区域内或周边拥有河道湖泊等水域，旅游设施又多集中在这

游客丢弃的垃圾

些水域附近，游客的生活污水在没有处理设备的情况下会直接排入河道，产生的生活垃圾堆积在河岸边，导致水体污染日益严重，形成臭水沟，严重影响沿岸居民生活环境。

（3）噪声污染。休闲农业与乡村旅游吸引了众多城市旅游者，机动车船的马达声、游客们的嘈杂声，以及娱乐场所的噪声、居住场所各种设备运转发出的噪声打破了原本宁静的乡村，不仅影响了村民的正常生活，更影响到动植物的健康生长。

（4）土壤破坏。当游客纷至沓来欣赏乡村自然美景的时候，对土壤的扰动是巨大的。尤其在节假日旅游高峰期，超载拥挤的人群，对土壤和植被不断重复踩压，出现土壤板结，植物无法生存。一些作为发展休闲农业与乡村旅游资本的天然草场因游乐项目不合理和游人无节制的践踏，正在迅速沙化，成为不毛之地。随着各自然区域内休闲农业与乡村旅游活动的开展，旅游设施开发与日俱增，已使很多完整的生态地区被逐渐分割，形成岛屿化，使生态环境面临前所未有的人工化改造，如地表铺面、植被更新、外来物种引入等。无论是陆地还是水域都可能受到旅游活动的影响，岩石、沙滩、湿地、泥沼地、天然洞穴、土壤等不同的地表覆盖都可能承受不同类型的旅游冲击，尤其是地表植物所赖以生

土壤的荒漠化

存的土壤有机层往往受到最严重的冲击。如露营、野餐、步行等都会对土壤造成严重的干扰。土壤一旦受到冲击，物理结构、化学成分、生物因子等都会随之发生变化，最终影响土壤上植物的繁殖与生长，昆虫、动物也会随之迁徙或减少。

60.休闲农业与乡村旅游如何保护生态系统？

休闲农业与乡村旅游活动中，生态环境的保护是必须首先考虑的问题。要在乡村生态旅游中做到避免环境的破坏，切实保护好生态系统，必须做到以下几点：

（1）制订科学的发展规划，合理开发旅游资源。在编制旅游区总体规划时，必须对旅游区的地质资源、生物资源和涉及环境质量的各类资源进行认真调查，以便针对开展旅游活动带来的环境损害进行预案准备，并采取积极措施消除或减少污染源，加强对环境质量的监测。对生态旅游区合理规划，必须先要对旅游区内的各类资源进行全面检查评价，确定生态资源的特色、保护范围和生态旅游定位。另外，为保证生态旅游环境质量的高品位，旅游区有关建设必须遵循合理布局、重点开发的原则，开发不影响或少影响生态环境的旅游项目，精心设计生态旅游产品，对任何形式有损生态环境的开发行动，必须予以坚决制止。

（2）加强森林公园建设，保护森林资源。随着森林公园旅游人数的增加，旅游活动与生态环境的保护必然产生矛盾，从而引起土壤、植被、水质等多方面的环境问题。有效保护生态环境、加强森林公园建设是保证生态旅游可持续发展的重要措施。

（3）强化法制观念，增强环境意识。要加强环境立法和管理，严格遵守《环境保护法》《森林法》《野生动植物保护法》等与旅游密切相关的环境保护法律和法规，完善环保相关规定。

地方政府和旅游主管部门应认真贯彻执行有关法律、法规的规定，增强法制观念。如对生态保护区的开发，要根据环境法律规定哪些部分严禁开发、哪些部分可以开发，可以开发的要确定开发的规模、开放的季节和可接待的人数等。对侵害自然资源者，加大执法力度，使其承担相应的民事和刑事责任。

我国在休闲农业和乡村旅游规划和教育方面很薄弱，旅游业主要以盈利创收为目的，不少旅游区根本不进行环境影响评价就开始营业。在旅游景点，很少设立宣传生态意识的宣传栏，导游的导游词中也很少触及生态道德教育内容。要顺利开展生态旅游，旅游经营管理者必须对开发和管理地区的生态系统特点非常了解，所有旅游参与者必须具有较高的环境意识，具有生态环境保护的专门知识和正确方法。为此，需要将环境教育和自然知识普及作为休闲农业与乡村旅游的核心内容。

61.怎样将生态环境保护理念融入休闲农业与乡村旅游？

在休闲农业与乡村旅游发展中，提高管理者、导游人员、旅游者及当地居民的素质和生态环境保护意识至关重要。

（1）提高管理者的环保意识。休闲农业与乡村旅游管理者环保意识的高低，决定了整个休闲农业与乡村旅游环境保护的好坏。因此，必须要采取多种措施提高休闲农业与乡村旅游管理者环保意识。

（2）提高导游人员的环保意识。加强导游人员的培训，使他们不仅业务能力强，而且具备较高的环保意识和足够的环保知识，以便把环保知识及时传递给游人，对游人进行生态教育。

（3）提高旅游者的环保意识。对旅游地游客的管理，旅游生态学强调的是采用旅游容量管理手段，通过旅游生态系统教育来塑造负责任的旅游者。

（4）提高当地居民的环保意识。旅游地的居民管理是实现乡村社会经济生态系统可持续发展的重要手段，也是实现休闲农业与乡村旅游生态系统良性循环的重要保证，应鼓励当地居民参与旅游经营，通过生态宣传教育使他们的行为符合乡村生态系统优化的原则。

62.怎样保护休闲农业与乡村旅游地自然环境？

发展休闲农业与乡村旅游要以保护乡村的自然环境为重点，走特色、规范、规模和品牌一体化的道路，实现休闲农业与乡村旅游产业化的基本目标，最终实现休闲农业与乡村旅游的可持续发展。休闲农业与乡村旅游发展中环境保护工作重点要落实好四方面的内容：

（1）实施旅游环境容量控制。在研究旅游区的自然、感应、生态、经济容量的基础上，求出最佳容量值，以实现最佳容量管理，对游客实行时间和空间限制和引导，以确保乡村生物、景观的多样性。

（2）实施旅游环境设计。通过旅游环境审计，揭示旅游开发过程中的出现的环境问题，检查生态环境保护规划的执行情况与执行效果，提出环境治理和整改措施，有效解决传统经济理论对"外部不经济性"认识不足的问题。

（3）实施社区环境参与模式。通过社区参与的方式，吸引他

广西立鱼峰

们进行股份投资并获得旅游利益的回报，增强保护乡村生态旅游资源的主动性。

（4）实施环境监测技术。应用现代科技技术，如3S技术和环境监测技术对休闲农业与乡村旅游区的生态环境进行长期监测，为旅游开发、景区管理和环境保护提供科学的信息和决策依据，确保休闲农业与乡村旅游生态环境的健康。

63.休闲农业与乡村旅游生态保护要做哪些法律法规方面的工作？

在休闲农业与乡村旅游中，从法律法规的角度来说，政府对休闲农业与乡村旅游的生态环境全面系统的保护作用是不可替代的，因此政府必须做好以下几方面的工作：

（1）建立开发审批制度，严格执行项目审批标准。休闲农业与乡村旅游企业的开发建设要兼顾对资源与环境的保护，新建的项目必须进行环境影响评价，所有经营单位都需要取得"污染物排放许可证"。项目审批相关工作一定要对景区环境、噪声排放、废气排放、垃圾处理、废水排放等做出严格规定。

（2）建立环保年审年检制度，抓好经常性管理。环保局应与工商、农林水利、旅游、乡镇企业等部门建立协调机制，相互通报休闲农业与乡村旅游地经营管理方面的信息，并实施联合年审制度。工商营业执照年审材料中必须要有环保部门的年度审核意见；农家乐，在星级评定时一定要达到环境保护的软件和硬件指标；星级农家乐，到旅游部门进行星级复核时要提交其所采取的生态保护措施和取得的环境保护效果的报告文件。建立环保年度审查制度，如进行排污许可证年审，有助于环保部门及时掌握旅游地的环境污染状况和发展趋势，年审中如发现不符合环境保护要求、治污设施不完善的旅游企业，应提出具体整改意见，并限期整改。

（3）制定绿色标准，确保排放达标。政府和行业组织应加紧制定相关的地方标准或行业标准，不断规范市场行为，为休闲农业与乡村旅游的发展创造一个良好的法律和政策环境。旅游部门和休闲农业与乡村旅游协会可制订休闲农业与乡村旅游绿色标准，使废水、废气、废弃物排放达标，同时做好绿色采购、绿色加工、绿色服务、绿色产品提供、清洁能源的使用工作。

（4）加大扶持力度，推进健康发展。在制定法规和行规的同时，政府应该给生态型的休闲农业与乡村旅游企业一定的优惠措施，减轻企业负担，刺激企业更好地运作。政府在现有税收标准的基础上可以适当降低休闲农业与乡村旅游企业的税费标准，减免部分收费项目，对生态环境保护工作开展得较好的休闲农业与乡村旅游企业要大力表彰并予以奖励。

64.休闲农业与乡村旅游生态管理中政府要做好哪些具体工作？

在法律法规之外，为了大力培育休闲农业与乡村旅游产业，加快新农村建设，使休闲农业与乡村旅游能走上一条可持续发展的道路，休闲农业与乡村旅游生态管理中政府还要做好以下几方面工作：

（1）制订休闲农业与乡村旅游开发和保护规划。坚持发展旅游与生态保护间的内在统一规律，先规划、后开发，使休闲农业与乡村旅游的发展成为促进农村生态环境保护的有效手段和重要渠道。每个地区要制订休闲农业与乡村旅游开发规划和环境保护规划，以此来指导实际的开发和经营工作，结合进行必要的环境评估和监测，建立休闲农业与乡村旅游地的环境质量指标数据库，使环境保护规范化、科学化。

（2）健全休闲农业与乡村旅游的环境管理体制。休闲农业与乡村旅游比较发达的地区，应设立旅游管理机构，如旅游管理委员会，切实抓好休闲农业与乡村旅游规划、旅游企业管理者和员工培训教育等工作，并提供休闲农业与乡村旅游经验交流、宣传等服务。政府配备专职环保管理人员，在旅游管理委员会的协调统一下，对休闲农业与乡村旅游企业的经营发展进行生态环境管理和指导，以期在绿色采购、循环经济的发展、绿色食品的提供等方面发挥积极作用。

（3）完善农村环保基础设施。随意倾倒垃圾、简易填埋垃圾和随意排放废水，这些经营行为对乡村生态环境造成了很大影响，暴露出农村环保基础设施不足的问题。完善农村的基础设施建设，特别是休闲农业与乡村旅游地的配套设施建设，对于保护乡村生态而言非常关键。乡镇建立区域污水处理系统、垃圾填埋场；村建立垃圾中转站，同时搞好沼气示范工程建设，推行清洁能源，减少因煤柴燃烧而造成的环境污染。

（4）加强环保宣传教育。政府有义务培训和提升企业和公众的环保意识；也有义务创造条件，鼓励、引导企业和公众参与环保行动，可通过增进休闲农业与乡村旅游企业的交流和学习；印刷内部资料，宣传环保知识、技术和理念；组织经营管理者外出考察等方式来提升企业的环保意识。

（5）建设互联网+传播新模式。各级政府应积极建设网络平台，开设旅游官方微博并发布旅游咨询。运用互联网新媒介传播旅游信息，运用科学合理的管理方式和运营方式，将乡村旅游正面信息传播出去，促进休闲农业与乡村旅游业的健康快速发展。加强旅游官方微博管理，合理配置村镇、旅游部门、旅馆饭店、特色饮食企业、景区等网络模块，丰富旅游信息和微博内容，形成专业、系统、全方位、立体化的新媒介，为旅游者提供全方位的咨询服务，提高休闲农业与乡村旅游新形象。

65.休闲农业与乡村旅游行业管理有何作用？

休闲农业与乡村旅游经济的发展，不仅要有丰富的休闲农业与乡村旅游资源，而且要有组织协调休闲农业与乡村旅游发展的能力，即行业管理能力。资源是基础，管理是手段，二者缺一不可。随着休闲农业与乡村旅游的快速发展，其行业管理越来越发挥着独特而显著的作用。

（1）规范休闲农业与乡村旅游业发展，指引发展方向。针对休闲农业与乡村旅游发展进程中所出现的盲目开发、重复建设、生态破坏、经营紊乱、竞争无序等问题，政府部门通过行业管理，建立服务标准，规范企业行为，查处违法问题，制止无序竞争等，为休闲农业与乡村旅游发展营造健康有序的市场环境，起着指导作用。

（2）服务于休闲农业与乡村旅游业，促进优化提升。不断完善旅游基础设施，使休闲农业与乡村旅游协调发展，整体推进；积极提供信息支持，开阔视野，使休闲农业与乡村旅游目的地在竞争中抢占先机，把握主动；组织休闲农业与乡村旅游目的地整体对外宣传，进一步扩大目的地知名度。

（3）进行针对性调控，有效整合资源。休闲农业与乡村旅游各产业要素，彼此依赖性强，任何一方面缺失或不完善，都会直接影响到休闲农业与乡村旅游的综合接待能力，甚至影响到休闲农业与乡村旅游的持续发展。行业管理主体应当全面把握各要素发展情况，并运用行政、税收、法律等手段有效把握平衡，适度抑制过快行业，扶持发展滞后行业，确保资源合理配置，有效整合，协调发展，整体推进。

（4）监督休闲农业与乡村旅游业发展，确保合法经营。监督是休闲农业与乡村旅游行业管理的重要内容。休闲农业与乡村旅游发展初期有许多不完善的地方，甚至存在着不合法的事情，需要通过行业管理的监督检查，确保经营者守法经营，不断改进经营水平，提高服务质量，增强休闲农业与乡村旅游吸引力和竞争力。

• 知识窗

休闲农业与乡村旅游的行业管理

休闲农业与乡村旅游的行业管理，是指各级政府及休闲农业与乡村旅游行业组织，以休闲农业与乡村旅游目的地的吃、住、行、游、购、娱等相关要素为管理对象，通过运用行政、法律及经济手段，建立市场规则，协调、监督和维护市场秩序，规范经营者行为，发挥其规范作用、指导作用、服务作用、调控作用、监督作用，达到提高休闲农业与乡村旅游服务质量、增强经济效益及实现休闲农业与乡村旅游可持续发展的目的。

66. 休闲农业与乡村旅游行业管理有哪些主体？

从我国休闲农业与乡村旅游发展现状来看，休闲农业与乡村旅游行业管理主体主要有两类：

（1）政府部门。我国的休闲农业与乡村旅游起步较晚，尚处在初期阶段，存在着许多"瓶颈性"矛盾和问题，如设施需要完善，经营需要规范，规则需要建立，秩序需要维护，行业标准需要确立，这些工作必须且应当由政府来支持、推动，离开了政府的主导，休闲农业与乡村旅游发展必然矛盾重重，步履维艰。

（2）行业协会。休闲农业与乡村旅游行业协会是休闲农业与乡村旅游经营者自发成立的市场中介性组织，是政府管理职能的延伸，其实质是介于政府和经营者之间的非政府行业管理机构。随着我国休闲农业与乡村旅游经营管理的不断完善，政府行政管理逐步向行业管理转变，行业协会在休闲农业与乡村旅游的管理中应当发挥着越来越重要的作用。

67. 组建休闲农业与乡村旅游行业协会有哪些途径？

我国行业协会的组建途径有四种：一是体制外的，由民营企业自发形成；二是体制内的，由政府转变职能而授权或委托组建；三是体制内外结合型的，既是在政府的直接倡导和大力培育下，又是在各类相关经济主体的自愿加入的基础上产生的；四是应法律规定而产生的。休闲农业与乡村旅游的行业协会是基于各方共同利益的需要实行联合的组织，它对外沟通政府与行业从业者的联系，向政府主管部门提出具体建议，以更加有效地保护从业者的共同利益，并在政府制定政策时及时准确地向政府反馈本行业的信息；对内沟通信息，规范从业者的行为，使从业者严格遵守法律法规政策。按照发达国家的惯例，当市场逐渐成熟后可以将某些权利，如农家乐的星级评定，行业集体市场营销等放权给休闲农业与乡村旅游行业协会，政府只是在幕后做支持和协助的工作。

68.休闲农业与乡村旅游行业协会有哪些职能？

与普通行业协会的职能类似，休闲农业与乡村旅游行业协会的职能同样分为8项：

（1）代表职能。代表休闲农业与乡村旅游行业全体内部企业的共同利益。

（2）沟通职能。作为政府与休闲农业与乡村旅游行业协会内部企业之间的桥梁，向政府传达各企业的共同要求，同时协助政府制定和实施行业发展规划、产业政策、行政法规和有关法律。

（3）协调职能。制定并执行休闲农业与乡村旅游行业的行规行约和各类标准，协调休闲农业与乡村旅游企业之间的经营行为。

（4）监督职能。对休闲农业与乡村旅游行业产品和服务质量、竞争手段、经营作风进行严格监督，维护行业信誉，鼓励公平竞争，打击违法、违规行为。

（5）公正职能。受政府委托，进行休闲农业与乡村旅游行业企业的资格审查、签发证照，如市场准入资格认证，发放产地证、质量检验证、生产许可证等。

（6）统计职能。对休闲农业与乡村旅游行业的基本情况进行统计、分析并发布结果。

（7）研究职能。开展或协调相关的研究机构开展本行业国内外发展情况的基础调查，研究休闲农业与乡村旅游行业面临的问题，提出建议、出版刊物，供企业和政府参考。

（8）服务职能。提供休闲农业与乡村旅游行业的信息服务、教育与培训服务、咨询服务、举办展览、组织会议等。

69.休闲农业与乡村旅游行业协会开展哪些工作？

为政府管理者、农民经营者和市民消费者提供周到的服务是行业协会生存与发展的主要基础。一方面经过政府授权，自发地参与到行业管理中来，为政府提供服务；另一方面积极反映并协助解决会员和行业发展中遇到的难点、热点问题，为经营者和消费者提供服务。它的主要作用体现在：

（1）制定产业发展规划，开展基础研究工作，为决策提供服务。抓住休闲农业与乡村旅游面临的工作重点、难点和热点问题，开展相关研究课题，在掌握了产业发展的基本情况，了解了产业的市场需求等基础上，规划产业发展的目标，明确产业发展的方向，提出相关政策与措施，为领导部门提供有效、及时的决策参考。

（2）制定行业标准，组织行业评优，规范产业经营。休闲农业与乡村旅游经过十余年的发展，有一定的数量和规模，也产生了很好的效益，然而整体水平不高，类型也比较单一，产品同质化情况较多，行业规范不够。通过建立行业协会，可以规范和引导休闲农业与乡村旅游的健康持续发展。

（3）积极组织活动，做好旅游宣传，增强自身凝聚力。休闲农业与乡村旅游行业协会的成员在统一组织下，互相学习和合作，扩大活动的效益和规模，避免了无序竞争，达到了"双赢"的目的。

（4）注重业务培训，扩大对外交流，提高产业竞争力。行业协会组织业务培训，改善产业经营管理水平，提供竞争力，产生了积极的作用。加强国内外同行业、企业的联系，相互考察，取长补短。邀请国内外专家举办研讨会，使得理论和实践结合，帮助了解市场动态，引入先进的管理理念和经营模式，提高自身素质。

（5）广泛开展宣传，引导旅游消费，提高市场认知度。开办网站，编印各种资料，选择合适的时机和适当的场所广泛宣传，逐步形成市场导向机制。

70.如何发挥休闲农业与乡村旅游行业协会的作用？

休闲农业与乡村旅游行业协会是休闲农业与乡村旅游经营者自发成立的市场中介性组织，是政府管理职能的延伸，其实质是介于政府和经营者之间的非政府行业管理机构。由村民选举产生旅游行业协会组织，作为主要的行业监督控制机构，对乡村接待站进行监督，并接受农户的投诉。年末对游客接待站的服务情况进行全部农户的评议。对于不合格的管理者实行接待户投票表决制，对投票不满三分之二的管理者实行罢免制。同时，村民对行业协会组织直接负责，每年一选，中间如果有五分之一的人共同反对某做法，则在村委会的协调下，对整件事情进行调查和结果公示。

行业协会是旅游市场体系的一个重要组成部分，也是旅游市场体系成熟与否的一个重要标志。健全的旅游市场体系及市场运行、管理机制，离不开行业协会。一方面，政府和旅游行政部门要赋予休闲农业与乡村旅游行业协会一定的权力。行业协会是独立于政府的一种社会中介组织，是平等的法律主体，有权力参加政府制定行业发展规划、产业政策、行政法规和法律活动。对此，政府及有关部门，可让行业协会参与一些行业管理职能，以协会名义组织开展各种群众性精神文明创建活动和行业检查评比活动等。这样，可以增强行业协会的权威，使其更好地发挥作用。另一方面，加强对休闲农业与乡村旅游行业协会负责人的培训。休闲农业与乡村旅游行业协会负责人及其工作人员大都为当地农民，缺乏行业协会相关知识和业务技能，通过培训增强他们的法律意识和民主观念，提高他们的组织领导水平和协调能力，让协会真正起到政府、经营者、市场之间联系的纽带和桥梁作用。

● **知识窗**

2017年7月31日，全国休闲农业和乡村旅游产业联盟在成都成立。

作为由中国境内休闲农业和乡村旅游经营主体、金融机构、科研院所、社会团体、行业配套服务机构等单位自愿联合组成的全国性、非营利性组织，联盟将搭建平台促进成员之间相互交流合作，引导联盟成员跨界合作、协同创新；发挥联盟嫁接政府、连接市场的纽带作用；培育行业品牌，推介行业产品，规范全国休闲农业和乡村旅游发展。

联盟今后将围绕政策咨询、调查研究、反映诉求、专家服务、培训交流、举办活动、标准建设、宣传推介、公益事业、行业自律等开展工作，促进全国休闲农业和乡村旅游产业资源的融合，产业思维的创新，产业模式的优化，从而更好地促进休闲农业和乡村旅游产业在新常态下更好、更快、更健康地发展。

71.如何构建休闲农业与乡村旅游统一接待管理模式？

统一接待管理模式是指上级管理部门通过掌握、分配客源对农户进行多方面的监控和管理。这种方式实现的关键问题是公开、透明的政策制度和导向。接待管理表现在四个统一：

（1）统一接待。建立乡村接待站。不同于普通的游客中心，乡村接待站的建立旨在控制游客走向，主要负责全村农户的网络信息和游客的信息登记和管理工作。首先对全村的农户接待进行信息化管理，对于每天的入住游客进行登记，进入村庄的游客首

91

先要在游客接待站登记，然后按照农户接待信息和游客的价格接受能力分配到户。游客根据服务情况在游览后到游客接待站领取发票，并反馈农户接待情况的信息，填写反馈意见表，对农户接待情况进行打分。

（2）统一价格。对于接待户进行星级评定，对于不同星级的情况进行统一的价格管理。

（3）统一标准。对于接待户在管理过程中要制定严格和细致的规章。住宿卫生、客房、餐饮卫生、接待厕所卫生等方面都要有统一的标准。由下属的旅游事业部负责整个休闲农业与乡村旅游事业的宣传促销工作，形成休闲农业与乡村旅游形象，建立自己的旅游网站，定期进行促销活动。

72. 休闲农业与乡村旅游如何实施行业管理？

我国休闲农业与乡村旅游最大的误区在于只重开发不重管理，或把开发与管理截然不同地分开，使休闲农业与乡村旅游形成管理不善、开发半途而废或开发后缺乏科学管理而门可罗雀的尴尬局面。休闲农业与乡村旅游管理是一个全过程的行为，开发最重要环节便是管理，其中管理又涉及全局。因此，应严格执行行业准入制度和星级评定制度，以规范管理。

（1）行业准入制度。制定行业准入制度标准，对于进行旅游接待的农户的接待条件进行严格的审查，合格后才可以进入。同时对正在营业中的接待户进行每年一次的星级评定制度，每家农户要挂牌经营，对各个星级制定统一的收费标准。对于本地区的旅游行业进行一定的保护和控制。

（2）星级评定制度。根据接待户的硬件设施和软件设施进行评定的制度，一般是采取星级制。乡村接待户星级评定主要包括设施设备、服务项目、维修保养、清洁卫生（厕所卫生、食品卫生是评定的重点）等方面。

73.休闲农业与乡村旅游专业合作组织有哪些类型？

主要有"农家乐"服务中心、"农家乐"协会、旅游服务公司、"农家乐"联合社等专业合作组织。

（1）"农家乐"服务中心。一般由乡（镇）政府出面设立，有独立的法人资格，除在乡（镇）设"农家乐"服务中心外，还在乡村设立"农家乐"服务站，服务中心、服务站的负责人由当地乡镇或村分管负责人担任。乡镇"农家乐"服务中心的工作经费主要由乡镇财政拨付，村级"农家乐"服务中心（站）的活动经费由村级集体经济积累、进入中心的农户交纳会费、客源提留一定差价、经营当地土特产所得利润及其他合法服务项目所得等构成。这类组织在实际运行中更像是政府管理"农家乐"的派出机构，邻近的、一家一户的经营户被捆绑起来，实行以中心带动下的"四统一"管理，即统一接团、统一标准、统一价格、统一促销；服务中心有权认定"农家乐"的服务资格，同时通过年检等对"农家乐"服务质量实行监督；服务中心接受主管部门的年度考核。

（2）"农家乐"协会。大部分"农家乐"发展重点区域都成立有"农家乐"协会，由政府和村委会发动成立，履行协会自我管理、自我服务、自我教育职责。但多数"农家乐"协会并不规范，有协会名称，却由于没有在民政部门正式注册，无法收取会费、接受捐助，因此基本没有自主开展协会活动的能力。正式注册的"农家乐"协会具有独立的社团法人资格，主要通过收取会费、接受捐赠和赞助开展相关活动。在实际运作过程中，以村为单位的"农家乐"协会的理事长、副理事长和秘书长多是村书记、村长等村委会成员，协会与村委会重合；联合多个村组成的"农家乐"协会多以乡（镇）政府主导，部分建有自己的网站，帮助会员进行网络营销，收取每年50~100元的会费，运作经费相对有保障。大部分协会的工作基本停顿或停留在组织会员参与旅游主管部门开展的培训、营销等活动上，协会自主性、独立性和自我发展能力普遍偏弱。

（3）旅游服务公司。由村镇设立，属于集体性质的法人实体，申请有旅游经营执照，各"农家乐"经营户挂靠在村镇旅游服务公司下以家庭为单位开展经营活动，经营户要把经营收入的一定比例（10%~30%）上交村镇旅游服务公司。村镇旅游服务公司通过制定内部的一些规章制度来规范每个经营户的经营行为，对旅游资源和游客信息采用集中管理、统一分配的办法，也即在经营中实行"四统一"：统一接待、统一登记、统一分配和统一结算。村镇旅游服务公司的总经理一般为村支书、副总经理由"农家乐"经营户推举产生。在实际运作中，村镇旅游服务公司还开拓有其他旅游经营业务，而对"农家乐"更多的是管理和规范。

（4）"农家乐"联合社。2007年7月1日《中华人民共和国农民专业合作社法》正式实施以后出现的专业合作组织。组建、运作基本按照农民专业合作社法的规范进行。"农家乐"联合社属于经济组织，由5名以上成员组成，向工商行政管理部门申领营业执照，具有法人资格；联合社选举的理事长是合作社的法人，在治理机制上实行一人一票的民主决策机制；联合社对内不以营利为目的，但对外同样追求组织利益最大化；成员按照合作社章程参与合作社内事务的管理，有利用本社提供的服务和生产经营设施并分享盈余的权利，同时承担提供一定的合作社经营资金的义务。

74.怎样实行"公司＋农户"模式来开发休闲农业与乡村旅游？

在发展乡村经济的实践中，高科技种养业成功地推出了"公司＋农户"的发展模式，因其充分地考虑了农户利益，在社区全方位的参与中带动了乡村经济的发展。在参与式休闲农业与乡村旅游的开发中，这种模式依然实用。"公司+农户"的发展模式又演化成"公司+农户"和"公司+社区+农户"两种模式。

（1）"公司+农户"模式。通过吸纳社区农户参与到休闲农业与乡村旅游的开发，在开发浓厚的休闲农业与乡村旅游资源时，充分利用了社区农户闲置的资产、富余的劳动力、丰富的农事活动，增加了农户的收入，丰富了旅游活动，向游客展示了真实的乡村文化。同时，通过引进旅游公司的管理，对农户的接待服务进行规范，避免不良竞争损害游客的利益。

（2）"公司+社区+农户"的模式。公司先与当地社区（如村委会）进行合作，通过村委会组织农户参与休闲农业与乡村旅游，公司一般不与农户直接合作，但农户接待服务、参与旅游开发则要经过公司的专业培训，并制定相关的规定，以规范农户的行为，保证接待服务水平，保障公司、农户和游客的利益。

75.怎样实行"政府+公司+农村旅游协会+旅行社"模式来开发休闲农业与乡村旅游？

"政府+公司+农村旅游协会+旅行社"模式的特点是发挥旅游产业链中各环节的优势，通过合理分享利益，避免了休闲农业与乡村旅游开发过度商业化，保护了本土文化，增强了当地居民的自豪感，从而为旅游可持续发展奠定了基础。例如贵州平坝县天龙镇在发展休闲农业与乡村旅游时就采用了这种模式。这种模式下的休闲农业与乡村旅游开发参与者更多，各方面的协调配合也更完善，因而能实现健康稳定的发展。该模式下各个主体的功能分别为：

政府：作为行政管理机构负责规划和基础设施建设，优化发展环境。

旅游公司：获得政府授权，负责经营管理和商业运作，并收取门票；招募当地村民到公司就业；组织节庆活动和表演。

农民旅游协会：由村民自发成立，代表村民参与旅游事务的管理、监督、负责组织村民参与地方戏表演及公司组织的各项节庆活动，从事导游讲解，制作工艺品，提供住宿餐饮服务以及维护和修缮传统民居等。

旅行社：开拓市场，组织客源。

"政府+公司+农村旅游协会+旅行社"模式可以实现多方共赢，但是实际操作中，因为涉及的利益主体比较多，因而协调困难，阻力比较大。

76.怎样实行"股份制模式"来开发休闲农业与乡村旅游？

为了合理地开发旅游资源，保护休闲农业与乡村旅游的生态环境，可以根据资源的产权将休闲农业与乡村旅游资源界定为国家产权、乡村集体产权、村民小组产权和农户个人产权4种产权主体。在开发休闲农业与乡村旅游时，可采取国家、集体和农户个体合作，把旅游资源、特殊技术、劳动量转化成股本，收益按股分红与按劳分红相结合，进行股份合作制经营。通过土地、技术、劳动等形式参与休闲农业与乡村旅游的开发。企业通过公积金的积累完成扩大再生产和乡村生态保护与恢复，以及相应旅游设施的建设与维护。通过公益金的形式投入到乡村的公益事业（如导游培训、旅行社经营和休闲农业与乡村旅游管理），以及维持社区居民参与机制的运行等。同时通过股金分红支付股东的股利。这样，国家、集体和个人可在休闲农业与乡村旅游开发中按照自己的股份获得相应的收益，实现社区参与的深层次转变。通过"股份制"的休闲农业与乡村旅游开发，把社区居民的责（任）、权（利）、利（益）有机结合起来，引导农民自觉参与他们赖以生存的生态资源的保护，从而保证休闲农业与乡村旅游的良性发展。

77.怎样实行"农户＋农户"模式来开发休闲农业与乡村旅游？

"农户＋农户"的休闲农业与乡村旅游开发模式是休闲农业与乡村旅游初级阶段的经营模式。在远离市场的乡村，在休闲农业与乡村旅游发展的初期，农民对企业介入休闲农业与乡村旅游开发有一定的顾虑，大多农户不愿把资金或土地交给公司来经营，他们更信任那些"示范户"。在这些山村里，通常是"开拓户"首先开发休闲农业与乡村旅游并获得了成功。其他农户会在"示范户"的带动下，纷纷加入旅游接待的行列，并从"示范户"那里学习经验和技术，在短暂的磨合后，形成"农户＋农户"的休闲农业与乡村旅游开发模式。

"农户＋农户"的休闲农业与乡村旅游开发模式通常投入较少，接待量有限，但乡村文化保留最真实，游客花费少还能体验最真的本地习俗和文化。

贵州毕节天星村农家乐

● **知识窗**

个体农庄模式是以规模农业个体户发展起来的，以"旅游个体户"的形式出现，通过对自己经营的农牧果场进行改造和旅游项目建设，使之成为一个完整意义的旅游景区（点），能完成旅游接待和服务工作。通过个体农庄的发展，吸纳附近闲散劳动力。通过手工艺、表演、服务、生产等形式加入到服务业中，形成以点带面的发展模式。

78.休闲农业与乡村旅游从业人员队伍存在哪些问题？

旅游业的发展离不开高质量的人才队伍。目前，我国休闲农业与乡村旅游的从业人员队伍存在着3方面的问题：

（1）总体素质偏低。对于休闲农业与乡村旅游来讲，主要的从业人员就是乡村中的村民，而其他不从事旅游行业的村民也构成了休闲农业与乡村旅游的外在环境。因此，村民的旅游管理意识和整体素质至关重要，关系着休闲农业与乡村旅游的发展状况。但是，我国农村的人口总体素质远远低于城市，仍有大量的农村居民处于文盲或半文盲的状态。

（2）大量人才外流。由于我国乡村的劳动生产率较低，我国农村的农民收入一直处于非常低的水平，大量的农民试图改变自己的命运，这部分有志向的农民一般可分为三个类型：第一个是读书型，指的是出生在乡村中的大学生，这部分人由于考上大学而离开农村走向城市，毕业之后只有极少数愿意回到农村。第二个是打工型，由于我国农业耕种的性质，导致了具有很长的农闲期，在此期间，大量的剩余劳动力离开农村到城市中打工，这部分打工者中的人才，大多留在城市而离开了农村。第三个是创业型，这部分农民以农业为基础进行创业，积极从事各种生产活动，部分创业者开发了休闲农业与乡村旅游。但是由于前两个类型的人才外流，导致了我国农村中的休闲农业与乡村旅游业很难在本土找到合适的人才。

（3）专业水平不高。休闲农业与乡村旅游是劳动密集型的产业，需要大量的人力资源。休闲农业与乡村旅游项目包括乡村饭店、乡村旅行社和乡村交通等，这些部门都需要大量专业的人力资源。但是，由于以上两个原因，这些行业的从业人员素质普遍偏低，难以满足休闲农业与乡村旅游快速发展的需要，阻碍了休闲农业与乡村旅游的发展。休闲农业与乡村旅游的从业人员还包括各个旅游部门的经理和负责人，这些大多是农村本地的创业者，当初是凭借着自己的艰苦奋斗而取得了成绩，但是当旅游公司和项目发展到一定的规模和程度之后，就存在着业务水平和专业水平落后的问题，因此，管理者专业素质的低下也是休闲农业与乡村旅游发展的隐性障碍之一。

79.如何加强休闲农业与乡村旅游人才的教育培训？

对于休闲农业与乡村旅游人才的教育培训，主要包括三方面内容：

（1）各方面共同培养休闲农业与乡村旅游人才。政府学校，休闲农业与乡村旅游行业协会，休闲农业与乡村旅游企业和专门培训机构等共同培养所需要的休闲农业与乡村旅游人才。

（2）旅游培训要具有休闲农业与乡村旅游的特色。对于休闲农业与乡村旅游的人力资源的培养不能按照传统的名胜古迹旅游人才的培养方式，而是要加入传统的文化培养和工艺培养。对于许多少数民族聚居的乡村来讲，要发展旅游业还需要具有许多懂得民族文化和传统技艺的艺人，因此要根据各个村庄的不同特点和特色进行具体的培训活动。

（3）开展全民的休闲农业与乡村旅游教育。对于全体村民的旅游文化教育是至关重要的。这样就需要当地的政府和企业联手加强对全体村民进行培训。培训应包括三个方面：首先是通过讲解和分析，使得全体村民了解到旅游业对其生活和发展具有巨大的作用。其次是讲解旅游心理学，使村民掌握与旅客打交道的方法，提高文化水平。再次是讲解专业技术，使村民通过技术的提升和思维的转变，成为休闲农业与乡村旅游业的从业人员。

80.如何构建休闲农业与乡村旅游的医疗救护体系？

目前，农村医疗点比较短缺，只有少数的小诊所，医疗水平有限，医疗设备、卫生条件不达标，药物品种少，不能满足休闲农业与乡村旅游开展后游客的医疗救护需求。所以，在旅游区应尽快建立有效的救护医疗体系，以便于实施救援工作。

（1）医疗救护系统。旅游区管理部门或各村镇居委会应成立救援核心机构，作为旅游救援指挥中心，负责旅游救援工作本身的开展、统筹和协调。可在旅游区集散地设立医疗救护点。医院、公安部门、消防部门等都属于救援机构。救援机构是旅游安全问题发生时，能够赶赴现场提供实质性救援工作的机构，是整个旅游救援的实施单位。救援机构应根据救援指挥中心的指令和要求，展开不同等级的救援行动，并把救援过程、救援结果及时反馈给旅游救援指挥中心，以利于旅游救援指挥中心根据具体情况对救援行动予以修改。社区、保险机构、通信、旅游接待单位和农户都属于旅游救援的外围机构。外围机构在旅游救援工作中能够提供辅助性工作也扮演着相当重要的角色。

（2）医疗救护点的配备。在游客集散地建立专门的为游客提供医疗及救护服务的医疗救护点；各医疗救护点均需配备专职医务人员，配备游客常用药品；各医疗救护点均应具备处理突发事件的应急能力，处理事故不仅应及时、妥当，而且还应准确、齐全地记录处理档案；旅游区内应设置医疗急救电话；医疗救护点应与就近的医院签订专门救护协议，与定点医院共建救护机制。

81.当地政府部门对休闲农业与乡村旅游有哪些宣传措施？

（1）举办或参加各种形式的休闲农业与乡村旅游推介会。可以请政府在当地组织、举办某种形式的休闲农业与乡村旅游推介会，也可以由政府牵头组织各休闲农业与乡村旅游经营者参与外地举行的旅游推介会，还可以组成促销团，有组织、有计划、有针对性地到周边城市开展专题促销。通过这种方式的宣传，能够吸引较多的旅游者或旅行社关注，最终扩大销售市场。

（2）策划、举办节事、盛事活动。由政府策划、定期或不定期举办节事活动和热点盛事活动，如杜鹃花节、休闲农业与乡村旅游文化节等，以增强本区域乡村旅游的吸引力和被关注程度。没有政府大力支持参与，单个企业不愿或无力承担这些外溢效应很明显的活动，而在激烈的旅游市场竞争中，热点盛事活动，往往是景气的关键所在。

（3）公共形象宣传。由于公共形象属于公共产品，单个休闲农业与乡村旅游企业不愿或难以承担，需要政府大力宣传并树立休闲农业与乡村旅游目的地的公共形象，并采取有效措施。

旅游、文化部门要加强对休闲农业与乡村旅游文化资源的挖掘与整理，编写并印发宣传手册，设立各种宣传广告牌、标牌、标识等；当地新闻媒体要开辟专刊、专版、专栏，集中时段和版面强化休闲农业与乡村旅游的宣传，提高知名度；在主要游客集散地、景区景点设立乡村旅游宣传广告牌，印制和散发乡村旅游宣传册页；政府牵头，加强景区与乡村旅游点的联合协作，扩大休闲农业与乡村旅游的影响。

三、经营者实务篇

82.经营者开展休闲农业与乡村旅游的目的是什么？

休闲农业不但能够增加家庭收入、平衡单纯农业生产的收益波动、解决家庭乃至地方闲置人员的就业问题，并且有利于促进经营者与外部环境的交流、同旅游者分享和体验乡村生活。

83.休闲农业与乡村旅游经营收益来源有哪些？

主要包括：①门票收益；②住宿收益；③餐饮收益；④表演、体验等专项收益；⑤娱乐活动、文体运动专项收益；⑥垂钓、狩猎专项收益；⑦农产品销售收入。

84.经营休闲农业与乡村旅游需要什么资源？

（1）高含金量的资源。休闲农业与乡村旅游资源是开发经营的基础条件，也是休闲农业旅游拓展的原动力。其拥有的资源价值越高，对游客吸引力就越强，潜在的预期效益也就越大。休闲农业与乡村旅游资源的含金量主要包含以下五个方面：①具有美感。即农业资源最好具备生态美、动态美、意境美、色调美、韵味美、嗅觉美等，美感刺激越强烈，观赏价值就越高。②娱乐性强。休闲农业最好具有休憩、康养、娱乐等方面的资源价值，以满足游客娱乐嬉戏、休养度假等需求。③承载一定的历史文化。具有历史悠久、文明传承、民风民俗、名人大家等，则更有魅力。④科普价值。这类资源能培养游客科学兴趣，拓展视野，具有科普教育的功能。⑤有规模有布局。即各种资源条件组合布局协调，并具备一定的规模，这样的资源开发价值才高。

（2）优美的自然条件。包括：①休闲农业与乡村旅游资源开发需要因地制宜，具有强烈的季节性和地域性。其所在地的综合自然条件一定程度上决定该资源开发方向及种类。开发休闲农业和乡村旅游资源的影响因素主要包括所在地的地形、气候、水利、土地、环境质量状况等自然条件。②休闲农业与乡村旅游需要建立在优越的自然条件基础之上，通常适宜的气候，丰富优良的水文状况，丘陵及平原相间的地貌，肥沃的土壤，较少的灾害性天气，适合发展休闲农业与乡村旅游。

（3）较高的经济能力。开发休闲农业与乡村旅游资源的经济条件，来源于所在地区社会经济发展程度和总体水平，直接影响该地区休闲农业与乡村旅游开发经营的人力、财力、物力投入的水平、旅行接待能力，以及城乡居民出游水平等。由以下五个方面进行评价：①地区经济发展水平较高；②资金筹措方便，本地政府补贴资金政策好；③生活用品、食品、特产以及建材等购买销售便利；④开发地水电气等能源、交通、通信、安全、卫生、环保等条件好；⑤建设用地地形地貌、工程地质适合开发、价位合理。

（4）活跃的客源市场。客源市场很大程度上决定了旅游资源的开发规模。客源市场主要体现在：①游客休闲需求、消费习惯；②周边农业经营情况，竞争态势；③地区人口规模、休闲农庄数目、质量及游客消费潜力等。

休闲农业与乡村旅游客源市场主要群体是以回归自然环境、体验乡野风情和民俗民风为主要目的的城区居民。

（5）优越的区位条件。休闲农业与乡村旅游开发方向、规模和效益等很大程度上取决于所在地的区位条件。区位条件分为地理区位、交通区位和经济区位，即开发地所处位置、交通便利性、城区和附近旅游区相互之间的依托联系及本地在经济产业链中所占地位等。适合发展休闲农业和乡村旅游的区位条件应选择以经济市场为导向,通常以城乡接触带为布局优选。

经营发展休闲农业与乡村旅游最好选址在毗邻城区或名胜古迹、交通便利的地区,如机场附近、国道省道沿线、江河沿岸的农牧渔区以及风景名胜附近。

(6)良好的农业基础。休闲农业与乡村旅游所在地的农业基础对其经营开发影响重大。农产品的类型、产量、产品加工等与休闲农业的开发关系密切。农产品的类型越丰富,开发资源就越多;而其产量则是资源开发的基础条件;农产品加工对资源开发拓展具有进一步的影响。因此,经营开发休闲农业应对所在地农产品的类型、产量、产品加工等农业基础进行分析研究。

85.经营休闲农业与乡村旅游应具备的基本条件和要求是什么?

休闲农业与乡村旅游经营应具备的基本条件和要求包括:从业资格、经营服务场地、接待服务设施、经营管理人员等几个方面。

(1)从业资格。应按规定办理相关证照,实行持证经营,在行政主管部门办理卫生许可证;排污申报许可证;工商注册登记;组织机构代码证。

(2)经营服务场地。生态环境良好,接待区域面积与接待能力相适应;无安全隐患,远离处于地质灾害或低洼河湖的危险地方;房屋结构坚固,通风良好,光线充足;环境整洁,无污水、污物,无乱建、乱堆、乱放现象;垃圾处理、污水排放、油烟排放应符合相关规定。

(3)接待服务设施。①厨房。位置合理,远离垃圾堆(场)、厕所、牲畜棚圈;有清洗、切配、烹调、凉菜制作和餐具、工具洗涤和消毒的设备和场所,并符合国家餐饮业管理规定和标准要求,洗涤消毒的洗涤剂应符合有关规定。②就餐环境。位置合理,采光通风良好;就餐环境应符合卫生要求。③厕所。环境整洁,无污垢、无堵塞，异味较小。④通用要求。上下水条件齐备通畅，饮用水符合有关规定；有防蝇、防鼠、防虫以及处理垃圾的措施和设施；有必要的消防设施；游乐设施应符合国家有关安全要求的规定。

（4）经营管理。严格按照国家有关法律、法规、规章和相关规定开展经营活动；有明确经营范围和经营方式；实行岗位责任制及服务规范化；有健全的卫生管理制度并设专人负责卫生工作；各种原料、辅料、调料应符合现行有效的产品标准或国家有关规定及要求；食（饮）具消毒应符合有关规定；应明示服务项目并明码标价。

（5）从业人员。遵纪守法，遵守职业道德；从业人员应诚实守信，尽职尽责，服务热情、周到；接待人员应注意仪表仪容、礼貌用语；从业人员身体健康，无传染性疾病和其他有碍食品卫生的疾病，并按规定定期进行健康检查，取得健康合格证。

86.经营休闲农业与乡村旅游需要办理哪些手续以及提供哪些材料？

加强休闲农业与乡村旅游的管理，规范其经营所需手续，是引导经营户健康规范发展的必然选择。下面是一些常规的许可证照及材料：

（1）工商营业执照。工商营业执照是经营一切行业所必需的最基本的证件。

（2）卫生许可证。我国休闲农业与乡村旅游经营大多还处于发展的初期阶段，大部分农家经营只开办一般的餐饮和游乐项目，因此，只需办理工商管理营业执照和卫生许可证即可。

（3）从业人员身体健康合格证。从业人员须办理健康证，有外雇人员，还要办理暂住人口登记证等。

（4）排污许可证。排污许可证的发放是为了加强乡村旅游经营业主的环保意识，不允许排放物破坏当地的环境生态。

（5）消防许可证。对于提供住宿服务的乡村旅游经营户，须办理消防许可证或者消防部门出具的消防意见书。

（6）文化经营许可证。对于设有歌舞厅等文化经营项目的农家经营户，还得办理相关的文化经营许可证。

> ● **知识窗**
>
> 　　经营休闲农业与乡村旅游，需要申请人身份证原件与复印件；认定申请及审批意见表；土地承包合同或经鉴证后的土地流转合同及公示材料（包括土地承包、流转等情况）；经营者出资清单；发展规划或章程；其他需要出具的证明材料。

87.从事休闲农业与乡村旅游经营各类人员应分别具备什么条件？

从事休闲农业和乡村旅游经营人员相对较少，但是每个岗位都有着具体的职责，这就决定了每个岗位都要有不同的要求，要具备不同的条件。

（1）经营人员。经营人员应具备领导者应具有的素质。首先，要具备品德素质，要有艰苦创业的精神，作风要正派，在员工中要有威信。其次，要具备能力素质，必须具备筹划和决断能力、组织指挥和协调能力、人际交往能力、灵活应变能力和改革创新能力。再次，要具备全面的知识，要具有市场知识、服务技能知识、管理科学知识及一定的文化知识，还要有丰富的生活经验和工作经验，特别要掌握乡村旅游的有关文化知识和专业知识。最后，要具备身体素质。只有身体健康、精力充沛才能适应繁忙的工作和多变的环境，作为经营者必须有活跃的思维、敏锐的观察力，富有创造性。

（2）厨房工作者。具有良好的个人卫生习惯，具有符合国家或地方行业相应要求的健康体质，具有专业技术培训经历并参加一定实践。有相应的专业证书，熟悉休闲农业与乡村旅游烹饪原料、辅料和调料的名称、性能、用途、保管要求，懂得原材料的加工方法，掌握较高烹饪技能，能根据顾客的要求提供良好、卫生、有特色的饭菜。厨房人员还应能够进行成本核算并正确使用厨房的各种设备，此外必须了解相关的法律、政策，正确执行野生动植物保护法、食品卫生法等。

（3）服务人员。一般来说，休闲农业与乡村旅游的规模比较小，服务人员可能身兼多职，休闲农业与乡村旅游服务人员的素质和服务能力将直接影响客人对服务质量的看法，因此要求具有良好的职业道德、较强的业务素质和身体素质。具体说来，服务人员应具备以下条件：

具有整洁的仪容仪表、熟练掌握服务规范、礼仪，掌握服务技能，热心待客，不断提高服务质量。

掌握清洁方面的知识，掌握清洁剂、清洁用品的种类、适用范围和使用须知，能够既达到清洁目的，又不会腐蚀损坏设备或对使用者造成伤害。

具有流畅的语言表达能力，使用饭店的服务用语和礼貌用语，并了解休闲农业与乡村旅游开办地附近的景点知识、地理环境、民俗风情等知识，在必要时能给客人讲解。

88.休闲农业与乡村旅游经营管理应遵循的原则是什么？

休闲农业与乡村旅游经营管理是指对村庄内的旅游资源进行开发、经营、整合、维护、监督等多个方面的活动。

国家鼓励休闲农业与乡村旅游资源的开发，因为这是促进农业发展、吸收农村剩余劳动力、增加农民收入的可取之道。休闲农业与乡村旅游经营管理应遵循以下原则：

（1）自愿和民主原则。对乡村旅游的管理要遵从农户的意愿，不能强行征用土地、水塘、住宅等来进行旅游建设。同时，对于所管辖的旅游景点、项目的管理，要保证充分的民主，尽量使全村人都参与进来，保证受益面。

（2）量力而行原则。不能"好大喜功"，在资源、经费不允许和条件不成熟的时候大兴土木，过度开发，使得前期成本投入过多而无法正常完工或者投入运营。

（3）可持续发展原则。不能只顾眼前利益，过度投入和开发，"竭泽而渔"，而是要从长远的利益出发，注重旅游资源开发经营的生态效应、社会效应和可持续效应。

> ● **知识窗**
>
> 旅游资源，是指自然界和人类社会中凡能对旅游者产生吸引力，可以为旅游业开发利用，并可产生经济效益、社会效益、环境效益的各种事物和因素。乡村旅游资源包括山地、林地、果园、菜园、民族风情建筑、历史遗址、名人故居以及农户住宅、养殖场等一切农村特色景物。

89.休闲农庄的设计理念是什么？

（1）提炼区域特色，突出乡野文化。场地设计要深挖、提炼、吸收、塑造乡野生产生活特色，融入经营农庄中，建立具有乡野特色的生活空间。

（2）打造乡村风格。乡村"天然、健康、安宁、自由"的生活方式是休闲农业设计核心，农庄整体设计布局要营造出这样的氛围。

（3）就地取材，凸显特点。建材通过自身纹理和色调，影响经营农庄的质感和游客的身心感受。为了与地区整体环境相融，突出地域特色，农庄建材应利用当地天然的石、土、木、花草、农作物等，营造出返璞归真的乡村风情，令游客流连忘返。

（4）农家装饰做点缀。这些体积不大但极具特色的农家装饰，能够烘托气氛、加深经营农庄的意境，利用得当能起到画龙点睛的效果。装饰点缀追求简约自然，能囊括乡土、地域元素，表现出乡村主题。

（5）多元化展示。要挖掘当地丰富多彩的乡村元素，通过互动体验、科普教育等方式，加深游客的独特印象与感受。

（6）注重功能设计，满足游客休闲娱乐的需求。场所的设计不仅要关注文化的本真性，还要融入较为现代的体验方式，这样乡土文化才能够更好地传递给游客。

（7）确保干净卫生。干净卫生代表着基础形象，如用餐环境和卫生间之类都是游客休闲体验的环节，直接影响游客的整体体验感受。

（8）提升舒适度。舒适的农庄能让游客停留时间加长，提升游客休闲体验的欲望，留下美好的记忆，再次光顾的可能性大大增加。

（9）注重私密环境。休闲农庄是个多元化、注重体验性的产品，游客在休闲体验过程中，需要独立的空间免受外界的打扰。如客房要依照不同类型的游客需求设计多种多样的房型，并且兼顾房间的隔音效果；餐厅要设计具有特色的隔断，利用装饰等围合、拼接形成独立的空间，提升私密感。

（10）营造休闲的轻松氛围。大多数游客会以结伴的方式出游，要开辟一些小型的休闲空间，以满足游客聚会交流的需求。如客房除了具有起居功能，增设茶几、沙发等，让游客能在休闲环境中轻松地聊天、喝茶；院落通常会建造具有乡野特色的景物如亭台、廊架以供游客聚会、休憩之用。

90.休闲农业与乡村旅游经营管理有哪些方法？

由于受到自身条件的约束，单个或者几个农民很难掌握科学的经营管理方法，有效地开发、经营和管理休闲农业与乡村旅游项目。因此，村庄必须帮助和指导农民进行市场背景分析和市场定位分析，科学地设置旅游项目。

（1）市场分析。休闲农业与乡村旅游经营管理中的市场分析，主要包括对旅游市场背景（大环境）的分析、市场细分和市场定位这几个部分。所谓市场背景，就是休闲农业与乡村旅游业生存和发展的空间，是影响旅游资源开发、经营和管理的基础性条件。市场定位是指村庄将通过何种营销方式、提供何种旅游服务形式，以区别于竞争者，从而树立乡村旅游的形象，取得有利的竞争地位。市场背景分析是为市场定位服务。乡村旅游的市场背景分析要兼顾宏观、微观环境。在市场定位方面，一是要确定所提供的产品和服务类型；二是要对目标市场进行精确的市场细分，如按照性别、年龄、职业、学历、消费时间、消费方式等进行细分，然后才可以科学地进行市场定位。

（2）资源开发与利用。乡村旅游资源的开发，应立足于本来的自然资源，绝对不能选择以毁坏资源为代价的路子。特色的民居建筑，深厚的历史文化，浓郁的民族风情，都是村庄独具魅力之处，也是吸引游客的资本。

（3）经营策略。随着休闲农业与乡村旅游的日益兴盛，五花八门的旅游形式让游客应接不暇。为了吸引更多游客的注意，在经营上不能"守株待兔"，而是要主动出击，尽可能地扩大宣传面，获得更大的客源。

在休闲农业与乡村旅游经营管理实施中，组织各种活动，营造节日氛围是关键。许多村庄在村党支部和村民委员会的领导组织下，举办富有特色和活力的活动，如葡萄狂欢节、采梨节、美食节、吃西瓜大赛等，吸引了不少游客。

村庄举行民族特色的活动，一是可以宣传少数民族历史文化和风土人情，让游客参与进来，激发广大游客的兴趣；二是可以借助特色活动推销农产品、纪念品、收藏品等，增加休闲农业与乡村旅游收入；三是通过举行大型的活动或节庆，吸引众多媒体的注意，产生广告宣传效应，从而有助于扩大该旅游项目的知名度。

（4）广告策略。广告，即广而告之，就是通过各种手段让别人了解你的企业、产品、服务。对于乡村旅游来说，广告手段有许多，一般指通过报刊、电台、电视台、招贴、电影、幻灯、橱窗布置、商品陈列的形式来进行。人们常以"无孔不入"比喻广告在社会上的现象，乡村旅游也不可例外地要尽可能地扩大宣传面、广告面。一些村庄的"农家乐"，由于地处边远山区，而在公路口（尤其是高速公路出口）设置大型的招牌、广告牌和路牌，这不失为吸引特定顾客群——自驾旅游顾客的一个良策。近年来，由于网络的兴盛，许多乡村旅游景点在网上发布促销、宣传广告，也达到了很好的效果。

91. 休闲农业与乡村旅游经营管理模式有哪些？

（1）企业式。企业式休闲农业与现代企业的经营管理模式大体相同，组织架构健全，管理者和雇员分工明确，产权独立、机制多变。经营园区是一个独立经营、自主决策、自负盈亏的经济实体，园区土地多为租赁所得。经营者完全按照市场价值规律管理运作、分配资源，通常规模较大，经济效益相对较高。

该模式优势在于产权明晰、政企分开，不用考虑市场导向的问题，经营者市场反应迅速，注重投资回报。劣势在于独立经营情况下，如政府监管不严，可能会造成景区资源损坏，影响本地休闲农业和乡村旅游的可持续发展。

（2）"园区+企业"式。通常由政府主导，政府组建园区的基础场地设施并提供相关配套资源和服务，同时设立园区主管机构——管委会。园区集聚大量政府优惠政策，通过招商引资的形式吸引规模大、科技新、效益好的企业进驻园区经营发展。入驻企业以租赁的形式获取园区内土地，独立经营与核算，管委会不会直接参与入驻企业的经营。

园区内汇集众多高新技术企业，科研开发和示范推广能力强，开办技术培训、直接指导带动农民致富。园区内农作物品种新颖独特，极具观赏价值，游客能从中领略现代农业的高速发展及科学研究带来的神奇魅力。这种模式在观光旅游经营方面尚不成熟，园区内餐饮住宿接待设施往往较少，园区建设与周围景点缺少有效的联结，没有充分挖掘现代农业的观光旅游功能。

（3）联合式。该模式以行政村为单位，大部分村民都进行旅游餐饮食宿接待，分布较为密集，因相互毗邻熟识而时常合作帮衬。这类农庄一般规模不大，村民之间会根据食宿接待能力共享一些团体游客资源。村民独立经营、自负盈亏、产权明晰，由村委会统筹管理。行政村内本身具有旅游景点或毗邻，呈现出民俗村的整体形象。

（4）个体经营式。个体经营者是指较大的农庄经营者，就是在一般意义上的个体户，其规模大于普通民俗户，管理收益较好。在自有场地和房舍基础上，重建和扩大经营，为游客提供休闲娱乐场所和餐饮住宿服务。个体经营户通常不依赖村委会，有能力独立面对市场。个体户运营相对灵活，能带动周边少数农民增收，也能起榜样模范的作用。但个体经营毕竟是单打独斗，局限性很大，对促进农村地域经济发展和提升整体农民收入影响甚微。

（5）复合型休闲农业园。其是现代农业发展的一种趋势。能有力推动农村经济的发展，传播现代农业理念，促进农业向产业化、规模化方向转变；可以增加农民就业机会，有效解决"三农"问题；对于形成产业集聚、功能互补的良好农业产业链条具有极其重要的战略意义。

休闲农业园区向复合产业链延伸，在农业基础上增加服务功能，同工业、旅游、研发、贸易、交通运输、房地产、体育、展览等其中几种产业整合为整体，兼顾农业生产和产业发展运营，展示新农村文化生活的景象。

92.休闲农业与乡村旅游经营管理存在哪些问题？

当前，乡村旅游和休闲农业正处于发展阶段，存在着以下突

出问题:

（1）同质化、程序化、都市化趋势严重。有些经营者不针对本地农村资源优势和风土人情进行深入挖掘，反而生搬硬套外地经验，旅游项目千篇一律。更有甚者，还大兴土木，农家俨然成了城市星级宾馆的翻版。城里人享受着这些熟悉的服务时，也就不免失去了对乡村旅游原有的憧憬与渴望。

乡村唯有美丽的田野、如画的山水、淳朴的乡味，才是城市人向往的旅游亮点。所以，村庄要想发展乡村旅游经济，就得发挥农村自然景观和乡土文化的优势。其中很重要的一点，就是要具备乡土气息，把乡村特色有机地融入自然风光之中，融入到民风淳朴、幽雅清闲自在的山川田野之中，体现回归自然的真谛；要突出地域特色和产品特色，防止产品同质化和雷同化。

（2）管理欠规范，"宰客"现象频频发生。许多地方发展乡村旅游和休闲农业，不从长远考虑，只顾眼前利益，对游客的服务不热情、不周到，"宰客"现象频频发生。这既影响了村庄的声誉，也阻碍了当地旅游业的进一步发展壮大。

游客是旅游的"上帝"，没有他们的光顾，乡村旅游业将无法发展。如果热情周到地服务游客，让其有宾至如归之感，则对于该旅游项目会产生好感，并将好口碑向其亲戚、朋友传播开来，产生一种有益的广告宣传作用，从而使游客源源不断；如果只关注眼前利益，则只会产生"一次性"交易，游客的恶感也会散播开去，投资再多做广告、做宣传也于事无补。政府部门已认识到"宰客"现象的严重性和破坏性，出台了乡村旅游管理条例，加强对旅游市场的规范。

（3）管理人才欠缺。我国大部分村庄的旅游管理队伍人员水平参差不齐，缺乏高水平的管理人才、经营人才；一般从业人员也因为缺乏培训而服务不规范、不到位，标准不统一；相关部门对行业的管理指导也还没有完全到位，影响了乡村旅游的发展。

许多经营者对乡村旅游和休闲农业的特点认识不足，不懂得如何去钻研相关业务，不懂得去揣摩旅游者的心理。正是这种错误的思想使从业人员根本没有钻研和学习知识的欲望，从而导致从业人员对旅游业务知识的贫乏，本村的旅游资源得不到深入挖掘，旅游文化和品牌更无从谈起。

只有好的人才队伍才能产生好的创意、好的策划和高水平的管理，而且只有本土旅游管理人员才能更为深刻地了解本村旅游业的情况，服务于本村的旅游发展。因此，村庄要培训一批本土的乡村旅游管理人才。同时，普通导游及服务人员可以让初中以上文化水平的农村青年通过职业培训，持证上岗。总之，要多渠道多措施提高整个区域的旅游经营管理水平，促进休闲农业与乡村旅游的持续健康发展。

93.休闲农业与乡村旅游经营有哪些基本策略？

乡村旅游与休闲农业经营策略是经营的基础性策略，主要有以下3种类型：

（1）以成本为核心的策略。以成本为核心策略也叫价格竞争经营策略。由于休闲农业与乡村旅游经营产品价格的基础是经营成本，因而该策略强调的是努力降低自己产品的成本。低成本经营策略可以帮助乡村旅游、休闲农业经营进入良性循环。较低的经营成本为有竞争力的价格奠定了基础；有竞争力的价格会扩大乡村旅游、休闲农业的市场份额，提高回头率，从而提高经营的收益；而较高的经济效益使得乡村旅游、休闲农业有能力进一步扩大规模，增加服务项目，从而形成新的较低成本，如此循环反复。

（2）产品和服务的区别策略。产品和服务的区别经营策略是指休闲农业与乡村旅游提供的产品和服务与众不同，这种不同可以从许多方面去实现，如服务内容、服务方式、服务对象等。休闲农业与乡村旅游如能从几个方面综合形成自己产品的特色，则可以形成比较理想的产品和服务区别，从而给宾客以独特的享受，而不用一种产品或服务去满足所有的宾客。

（3）集中特定目标市场经营策略。集中特定目标市场经营策略是将自己的经营目标集中在特定的细分市场，并在这一细分市场上建立起自己的产品差别与价格优势，因而有人也称之为重点市场经营战略。实施该经营策略，一般要求该乡村旅游、休闲农业有一定的规模，且有良好的增长能力。

以成本为核心策略强调以很低的单位成本为价格敏感的用户提供标准化的产品与服务；产品和服务策略旨在为价格相对不敏感的用户提供独特的产品与服务；集中特定目标市场经营策略是指为满足某一群体用户的需求提供专一的产品与服务。

94.如何选择休闲农业与乡村旅游的经营方式？

有3种方式可供选择，即自主经营、委托经营和租赁经营。

自主经营是目前最常见的方式，也就是自己投资自己经营。采用该种方式可以获得长期稳定的经济效益。但是，经营中的风险也是不可避免的。原因是在经营的过程中还要继续投资，改善各方面的经营条件。

合约经营是一种正在出现的经营方式，也就是2个或2个以上经营者联合起来共同经营。采用该方式可以避免大的投资风险，同时还可以根据市场的变化情况不断地扩大规模，形成规模效益。

租赁经营是把土地、建筑物及家具等租赁给有经验的人或专门企业经营。采取租赁经营可以在较小的投资情况下获取稳定的收入。但是，随着乡村旅游、休闲农业市场的变化有可能失去发展的机会或赚取更大的利润。

在以上基本方式的基础上还可以采取多种创新经营形式，吸引消费者，在保持乡村旅游特色的同时形成独特的经营形式。例如，"透明式经营"是将各类原料及农家菜菜品在前厅明档陈列，实行展示性经营，各类菜品价格及制作方法全部标写清楚，顾客在餐厅自选菜品时，菜肴看得见，价格透明，吃得放心。这样的就餐形式备受消费者欢迎。"累积卡"积分制度，即将每次光临消费的金额积累一定分数，可以免费乡村旅游一次。也可以开展休闲农业与乡村旅游有关的项目，如开展钓鱼比赛，田园赛诗，摘茶叶比赛等，保证回头客不断。

在农家特色餐饮服务上，可按季节和节日，策划一些活动。如可根据季节及顾客的消费心理有计划地推出各种风味的农家菜美食周。这样的经营，一方面能活跃乡村旅游气氛、聚集人气，另一方面也能增强吸引力和注意力。

总之，休闲农业与乡村旅游经营者就是要不断地以顾客为中心，适时推出让客人得到实惠的灵活多变的经营方式，使休闲农业与乡村旅游经营显得有生机、有人气，最终赢得市场和占领市场。

95.休闲农业与乡村旅游在经营中要遵守哪些行为规范？

休闲农业与乡村旅游经营户开展的经营活动应符合有关法律法规的规定，并遵循自愿、平等、公平、诚信的原则，遵守职业道德，热情为游客提供质优价廉的产品和服务。

（1）休闲农业与乡村旅游经营户不得采用下列手段从事经营活动：以低于正常成本价的价格进行经营；不明码标价，质价不符，有价格欺诈行为；制造和散布有损其他经营户形象和商业信誉的虚假信息及言论；为招徕游客，向游客提供虚假的服务信息；其他被旅游行政管理部门认定为扰乱旅游市场秩序的行为。

（2）休闲农业与乡村旅游经营户不得向游客介绍和提供含有下列内容的服务项目：含有损害国家利益和民族尊严内容的；销售或者制造假冒伪劣产品，损害消费者权益的；含有民族、种族、宗教、性别歧视内容的；含有淫秽、迷信、赌博内容的；含有其他被法律、法规禁止内容的。

96.休闲农业与乡村旅游经营应防止哪些误区？

休闲农业与乡村旅游在快速发展的同时，仍存在一些不容忽视的问题，具体有如下五大误区：

（1）追求豪华。个别地方的休闲农业与乡村旅游院落建得像别墅，豪华阔气，装修精美，俨然一副城市宾馆的气派。游客参加休闲农业与乡村旅游活动，就是为了感受一下乡村的气息，体会一下农村的生活，享受一下田园风光的乐趣。他们并不是为了到农村去住宾馆和豪华别墅。相反，乡村的"野"（自然）、"土"（原生态）正是他们渴求领略的目标。

（2）风格雷同。有些地方开展休闲农业与乡村旅游，追求整齐划一，即房屋造型一致、经营方式相同。这显然违背了发展要讲究特色的原则。发展乡村旅游要统一规划，不能滥建乱盖，但并非意味着在风格上雷同。若村庄房屋造型各具特色，各家屋内摆设风格迥异，经营手段也不尽相同，这样对游客更加具有吸引力。

（3）项目单一。有些休闲农业与乡村旅游只为游客提供吃喝，其他项目一概没有。游客到乡村不只是为了吃喝，还为了玩乐。随着社会发展步伐的日益加快，现代游客更注重新潮、差异、新鲜。他们来乡村既要吃好，突出"土特"、"野味"，又要玩好，蹬蹬水车、推推石磨，去田野、山林转转，去风景名胜逛逛，购买农家土特产……这样的田园生活才是他们的渴望与追求。

（4）单打独斗。开展休闲农业与乡村旅游，不但要体现各家各户的特色，更要联起手来，取长补短，共同发展。不少农户只是你发展你的，我发展我的，互不往来，互不配合，互不支持。这样势单力薄，势必造成单打独斗的不利局面。而相互配合、共同发展的最大好处是可以扬长避短，取得别人支持，实现共赢。

（5）目光短浅。有的地方开展休闲农业与乡村旅游，不从长远考虑，只顾眼前利益，对游客的服务不热情、不周到，有的地方甚至出现"宰客"现象。原本比较便宜的饭菜，价格随人就市，遇见熟人、本地人就低，遇见生人、外地人就高，有的还和游客

117

发生矛盾纠纷等。这既不利于自身吸引回头客，也影响了当地的
声誉，阻碍了乡村旅游的进一步发展壮大。

97.哪些因素影响休闲农业与乡村旅游市场需求？

影响休闲农业与乡村旅游市场需求的因素较多，一般而言有
以下因素：

（1）个人因素。参与休闲农业与乡村旅游游客的性别、年龄、
职业和生活方式等不同，使其市场的需求呈现多样性。例如，男
性更倾向于体力娱乐类或探险类的乡村旅游活动，而女性较偏爱
采摘、购物等乡村旅游活动；工作繁杂程度高和人际交往频繁的
白领喜欢放松型的度假，而一般城市居民喜欢参与程度较高的休
闲农业体验旅游。

（2）经济因素。社会的经济发展水平及产业结构的调整和变
化，会在很大程度上影响人们的收入和职业，同时也影响着休闲
农业与乡村旅游的发展和规划，影响着人们对休闲农业与乡村旅
游产品的购买行为。

（3）社会文化因素。任何一种消费行为都是在特定的社会环
境中进行的，社会文化影响着人们不同的价值观念、偏好。这些
因素也决定了个人购买休闲农业与乡村旅游产品的种类。中老年
人强调实用性，比较节俭，一般很少购买娱乐类乡村旅游产品。
年轻人思想观念较为开放，加之工作和生活压力大，较多选择放
松休闲的度假型乡村旅游产品。

（4）市场供给因素。供给因素包括休闲农业与乡村旅游资源、
旅游设施、旅游项目、旅游服务等。其中，休闲农业与乡村旅游
资源是激发旅游者需求的重要因素，完善的旅游设施、丰富的旅
游项目、周到的旅游服务等都会影响到休闲农业与乡村旅游的
需求。

● **知识窗**

如何促进休闲农业与乡村旅游的标准化服务？

应在大力改善硬件设施的同时加强对休闲农业与乡村旅游经营管理者和从业人员的培训，强化其服务意识，规范其服务程序，提高其经营管理能力和服务能力。不仅要通过提高经营管理者和从业人员的素质改善休闲农业与乡村旅游的管理和服务，为旅游者提供一个更安全、更卫生的旅游环境，还要借此营造一个与优美的生态环境相适应的文明的人文环境。要通过职业培训使从业人员熟悉并掌握从迎客到送客的礼节和用语，了解一定的旅游常识和风土人情知识，促进休闲农业与乡村旅游服务的程序化、规范化和人文化。在生态旅游特征鲜明的地方，还应对经营管理者和从业人员进行生态环境和可持续发展等方面的知识和技能培训，以适应保护性开发的需要。正在逐步推广的动态星级评定办法也有助于提高休闲农业与乡村旅游的服务质量。

98.如何提升休闲农业与乡村旅游的品牌设计？

休闲农业与乡村旅游品牌设计包括形象设计和实体设计两部分。形象设计是一个组合概念，由品牌名称和品牌标志两部分构成，同时它和企业的商标组合在一起，例如××旅游公司创办××乡村旅游乐园。前者是与企业商标在一起，后者与旅游的品牌名称和标志结合在一起。如果注册，这些形象设计就会受到法律保护。

一个企业要从事休闲农业与乡村旅游，要善于搞形象设计。但这一点往往被忽视。有时候形象设计比实体设计更重要。在主要交通要道树立品牌标志，对提高知名度很有作用。实际上，我国搞休闲农业与乡村旅游，资源很丰富，我国乡村有浓厚的文化功底，每一个地方都可以搞出自己特色的旅游品牌来。还可以同当地农村产业发展结合起来。

晒太阳，喝绿茶，品美食，尝鲜果，烤河鱼，
享野趣，尽在盐边乡村之旅！

盐边乡村旅游的形象及口号

休闲农业与乡村旅游实体设计也很重要。任何一个休闲农业与乡村旅游都不能凭空臆造，离开一定的乡村旅游资源，很难持久地经营下去。要善于发掘有开发潜力的休闲农业与乡村旅游资源，其本意要回归自然，崇尚情操为宗旨。

99. 如何提升休闲农业与乡村旅游的品牌竞争力？

（1）服务类农业的本质是经营好用户的时间。用价值输出占用游客的时间，价值输出体现在乡村旅游的方方面面，如农村劳作体验，极具乡村风情的餐饮，特色休憩场所，独树一帜的主题，丰富有趣的娱乐活动等。休闲农业项目要把时间维度融入建设规划中，用良好的休闲体验提升游客的消费时间。

（2）合理的消费层次提升消费水平。在规划休闲农业整体布局时，应考虑多样化产品服务和空间分布问题。如何提高产品和服务的层次感，如何将旅游观光、餐饮住宿、休闲娱乐合理搭配，这些都是休闲农业规划阶段提升档次、提升消费水平要考虑的问题。

（3）招商质量决定整体服务水平。对服务类农业项目而言，招商在某种程度上决定了项目的基本服务水平。提升整个服务类农业项目的档次，不仅仅可以依靠门店招商，手段也可以多种多样，用一些特色项目当做乡村旅游的爆点，带动人气。

在服务型农业项目中，项目的基本服务水平是在一定程度上是由招商引资决定的。整个休闲农业服务水平的提升，主要取决于商铺投资，包含了多种操作方式，我们应该引进一些特色项目作为爆点来推动宣传、提升乡村旅游档次。

（4）用高频活动建立强关系。当今社会各种社交媒体已经成为主流传播途径。高频率地推出各种主题活动，不仅当次传播更为广泛，同时经朋友圈转发等还能形成更大的二次传播面，极大地提升农庄品牌力。这些主题活动的价值在于，快速地将经营者与消费者之间的弱关系变为强关系。

100. 如何设计休闲农业与乡村旅游的形象口号？

形象定位和形象口号不是一回事，但它们有时候是可以一致的。简单而言，形象的定位是一个地区的品牌理念基础，而口号则是营销意义上的形象定位转换用语。这两个东西都很重要，也是检验一个合格规划的重要指针。形象策划的方法必须进行创新，要摒弃陈旧落后的资源归类法。休闲农业与乡村旅游的形象口号设计要注意两个方面：

（1）偏重市场反馈的理念突破。资源为导向是现阶段乡村旅游和休闲农业形象定位的基础，但并不适合所有的地方，在那些资源具有绝对垄断性的地方，一定阶段依托资源来打品牌有好处，但随着市场的发展，需要不断地进行更新。

（2）静态描述与动态表达的结合。传统旅游形象定位，惯用白描手法，或以简单达意的词汇对资源特色进行定义，或对乡村特质进行描述，而动态表达则常用动词、语态的不同来表达一个目的地形象。二者并无优劣之分，在形象推广上可以互相结合运用。

茶山村乡村旅游口号

101. 休闲农业与乡村旅游宣传的主要功能是什么？

任何商品的销售离不开推广与宣传，休闲农业与乡村旅游这个特殊的商品也不例外，同时具有较为明显的外部性，其受益者不仅有旅游行业本身，实际上包括景区景点所在的整个地区。

（1）促销功能。休闲农业与乡村旅游产品的促销，主要是让消费者对休闲农业与乡村旅游产品进行知会与了解。"酒香也怕巷子深"，在今天乡村旅游市场竞争激烈的情况下，如果不对乡村旅游进行广泛的传播，等客上门，被动经营，其结果只能是吸纳寥寥的消费者，最终被市场所淘汰。

（2）教育功能。休闲农业与乡村旅游中的推广与宣传是多层次的，在做好促销的同时，对游客的环保教育、归宿感教育等都是极其重要的。好的乡村旅游与休闲农业的宣传，能让游客感知乡村特色风貌的同时，也能让游客拥有极佳的归宿感，成为回头客，成为休闲农业与乡村旅游"第二宣传员"的接力棒。

（3）发展功能。休闲农业与乡村旅游对社会主义新农村建设是最直接的支持。新农村的建设不光是新楼房的建设，也是人文关怀与农村市场的培养。休闲农业与乡村旅游的宣传会让景点景区农村农民受到非常的关注，恰当的宣传会带动相关产业的进步与发展。

102.休闲农业与乡村旅游有哪些宣传方式？

宣传促销是休闲农业与乡村旅游发展很重要的环节，因此应由旅游行政主管部门牵头，各单位形成合力，整体促销，联合促销，努力形成乡村旅游形象，提高知名度。在宣传与推广方面，可以综合运用庆典活动，如周年纪念、重要仪式、赞助活动等，提高自身的知名度和美誉度；利用旅游推介会，将乡村旅游作为重点宣传的内容之一，广泛采用高科技手段，强化宣传的手法和力度；还可借助互联网，建立和完善乡村旅游网，全方位介绍休闲农业与乡村旅游，实行网上预订等服务；给予优惠政策，加强旅游软件建设；通过电子商务网络，建立旅游信息网络，通过网络将旅游市场连为一体，彼此之间交换信息，使得物流、人流和车流畅通而高效。影视作品宣传方面，还可以鼓励著名的影视单位前来取景拍摄，精细制作乡村风光的音像制品或绘画。此外，还可充分利用电台、电视台、报刊、网站等媒体，开设乡村旅游专版、专栏和专题，宣传乡村旅游，提高休闲农业与乡村旅游知名度，增强吸引力。

103.休闲农业与乡村旅游宣传存在哪些问题？

在国外休闲农业与乡村旅游发展较为成熟的地区，通常会有政府、同业联盟或企业出面组织的乡村旅游服务和营销网络，政府在其中扮演着非常重要的角色。我国休闲农业与乡村旅游还处于发展阶段，在推广与营销中存在不少问题：

（1）观念落后。不少地方现在仍存在着"先等当地旅游发展起来，再拿钱来宣传促销旅游"的落后观念。很多地方的休闲农业与乡村旅游经营者和从业人员以当地农民为主，文化水平较低，缺乏先进的营销知识，致使休闲农业与乡村旅游营销乏力，缺乏系统性，没有针对性，不能吸引游客眼球。

（2）方式落后。我国休闲农业与乡村旅游的经营者多依靠传统方式招徕游客，没有充分利用"绿色营销""文化营销"和"网络营销"等新的营销方式。调查显示，我国休闲农业与乡村旅游经营者一般都过于迷信"回头客"和口碑宣传，采用最多的宣传促销手段是发传单或发名片，但也局限于人际范围。有少数经营者在互联网上设立了宣传网页，取得了一定的营销效果，但由于网页的知名度有限，再加上信息量少、功能简单等原因，还无法对乡村旅游形成强有力的支撑。这就使得休闲农业与乡村旅游的经营者和旅游者双双蒙受效率损失。

104.如何制定合适的休闲农业与乡村旅游宣传策略？

合适的休闲农业与乡村旅游宣传要与其他旅游传播相整合，以达到"借船出海"的目的与效果。一般说来有以下几种宣传策略。

（1）结合介绍策略。避免单一的景区景点的介绍，而要与区域内其他旅游资源和旅游景点的传播结合起来，如历史上沉淀下来的名山大川、游览胜地，借助这些已有旅游景点的吸引力，争取客源，以形成资源共享，优势互补，共同发展的格局。

（2）综合宣传策略。要结合旅游目的地品牌建设成果进行传播，如营销口号、标识、歌曲、影视等打包进行推广与宣传，利用电台、电视台、报刊、网站等多种形式，开设乡村旅游专版和专栏，增加专题和时段，加大对休闲农业与乡村旅游的公益性宣传。

（3）借助名人策略。自古旅游推介就有两种基本的途径：一是本土知名人士名扬在外，因人而名，如南阳、湘西凤凰古城；二是游历的人对所到之处的赞美与传播，如滁州、黄鹤楼。名人一般都具有较高的知名度，或者还有相当的美誉度，以及特定的人格魅力等，借此参与旅游目的地的代言，与其他广告形式相比，更具有吸引力、感染力、说服力，有助于引发受众的注意及兴趣，进一步提升旅游目的地的社会形象力。如河北省永清县的"村民局长"索中学的名人效应带动了当地的休闲农业与乡村旅游事业飞速发展。

（4）事件传播策略。这里所指的事件传播是旅游目的地通过策划、组织和利用具有名人效应、新闻价值以及社会影响的人物或事件，引起媒体、社会团体和消费者的兴趣与关注，以求提高旅游目的地的知名度、美誉度，树立良好品牌形象，并最终促成销售目的的手段和方式。事件传播最主要的特点是通过有效的新闻事件使现有的新闻媒体免费地制作及传播新闻，既节约宣传成本又起到事半功倍之效。

（5）策划活动策略。要适时策划大型节庆活动进行传播。根据不同地点、不同季节，组织举办踏青节、赏花节、采摘节、草原节、健身节、滑雪节等大型旅游节庆活动，吸引特定的受众广泛参与，扩大宣传效果。

105. 如何打造休闲农业与乡村旅游的营销体系？

（1）着眼整体，构架网络。建立一个完善的立体营销体系是企业走向成熟的标志。休闲农业经营者要建立一个比较完整的销售体系，除了内部营销机构和团队需要发展壮大，还得在客源市场密集的大城市设立办事机构，方便与当地旅游代理商、旅行社等中间机构交流沟通，获取一手市场信息。

（2）锁定客户，细化市场。休闲农业园区作为一个开放的旅游接待区域，其客户类型多样，需求层次也不尽相同，因此需要对消费者群体进行锁定细分，包括其公司类别、年龄结构、收入结构等，针对不同群体采取不同的营销和推广形式。

（3）制作菜单，产品多样。休闲农业园区可以根据自己的优势和特色制定不同形式的旅游产品，并推出不同的团体套餐。如果蔬菜采摘产品、水上活动产品、度假会议产品、亲子游乐产品等。

（4）紧抓客源，分步营销。对于市场营销，还是要采取务实的态度，确保销售和推广的操作更容易把握。首先要紧抓主要客源市场，经营一定时间以后开始向二级市场渗透，往省外特别是重要省会城市开拓。

（5）灵活机动，量身定做。为了满足大客户的个性需求，休闲农业园区可以给来乡村旅游、度假、会议活动的大客户量身定做一些有针对性的旅游活动，便于大客户在旅游的同时获得更大的收获。

（6）制造概念，打造品牌。要打造成功的休闲农庄品牌，就要有许多有特色的想法。对于休闲农业经营者来说，主要围绕娱乐活动做主题，如当地节日、各类夏令营基地、异国风情等。

（7）推广合作，互惠共赢。休闲农业经营者可以用自身的产品和资源与实力雄厚的品牌企业和中间代理商分享，以实现共同利益。

106. 如何利用报纸、杂志、广播、电视和网络进行休闲农业与乡村旅游宣传？

报纸、杂志、广播、电视和网络等不同的广告媒介在受众面、宣传特点、影响力和费用等方面有所不同，乡村旅游、休闲农业企业要根据自身产品特点、目标游客特点和市场竞争状况等条件慎重选择，以便能够用较少的花费获得良好的宣传效果。

（1）如何利用报纸进行宣传。首先，我们要选择有较多潜在顾客喜欢阅读的报纸，选择在客源地发行量较大的报纸。鉴于乡村旅游是一种大众化的旅游产品，一般而言，晨报、晚报一类的报纸较为适合，受众面广，也较为经济实惠，而专业性、综合性的报纸则尽量不要选择。其次，尽量请专业人员帮助我们做宣传材料。最后，要根据宣传目的，选择合适的刊登时期。

（2）如何利用杂志进行宣传。由于有孩子的家庭和中老年人较为喜欢乡村旅游，我们可在客源地选择面向家庭、已婚妇女、中老年人的杂志进行宣传。宣传材料内容应丰富，应有一定的深度并最好配有图片。

（3）如何利用广播进行宣传。利用广播宣传的优点在于：传播迅速、覆盖面广；较生动，有现场感；成本低廉，普及率较高。但广播宣传的局限性也很突出：时间较短，稍纵即逝，不便保存；不利于选择，检索性差。

利用广播宣传应当注意的是，随着电视和网络的普及，广播的重要性有所降低，受众面变得较为狭窄，现在主要是司机、乡村居民或其他老年人群。因此，在选择广播宣传方式时，要谨慎，注意瞄准潜在游客市场。

（4）如何利用电视进行宣传。据调查，观看电视是人们最为常见的闲暇方式。它的优点是除网络外其他媒介无法比拟的。它真实感强，结合了图、文、声、色四种因素；其次，电视的娱乐性强，可以同步传送，使人有身临其境的参与感；再次，电视信息传播快速，有直观的艺术性。

电视宣传也有不足之处：时间短，内容稍纵即逝、无法保存；广告制作耗时，费用昂贵；可选择的电视台较多，被顾客观看的概率较低；另外，除黄金时段外，其他时段效果较差。

利用电视进行宣传，最令人头疼的是费用问题。一般而言，只有较大规模的休闲农业与乡村旅游企业才能选择这种方式。当然，由于核心市场为周边城市地区，因此，可选择客源地的收费较低的电视台进行宣传，而不必选择全国性广告。较小规模的休闲农业与乡村旅游企业可尝试选择区县级电视台进行宣传，但应注意宣传效果。在时段选择上，要结合游客的观看习惯和费用支出综合考虑，以达到较好的效费比。

（5）如何利用网络进行宣传。利用网络进行广告宣传的优势是：可以根据更细微的个人差别将顾客进行分类，分别传递不同的广告信息；网络广告是互动的；网上的潜在游客有反馈的能力；可利用虚拟现实界面设计给人身临其境的感觉，具有强烈的感官刺激功能；传播范围最广，可以把广告信息24小时不间断地传播到世界各地；可精确统计出广告被多少个用户看过，以及这些用户查阅的时间分布和地域分布；广告易修改，成本较低。

网络广告也有不足之处：网络广告的阅读范围还比较狭窄，多是学生和受过良好教育的人，平均收入较高；供选择的广告位有限。

我们可以选择搜狐、网易等较大的门户网站进行宣传，可以选择较为专业的旅游网站如携程旅行网、艺龙旅行网等进行宣传，也可选择搜索引擎如百度等进行合作。一般而言，城市居民进行乡村旅游前，常会到网上搜索相关信息，网络宣传的效果还是比较明显的。

107.如何利用休闲农业与乡村旅游的"回头客"进行宣传？

休闲农业与乡村旅游重游率高于其他旅游，因此"回头客"众多，如何充分利用"回头客"进行营销宣传显得十分重要。

回头客对休闲农业与乡村旅游企业来说十分重要，他们是铁杆的消费者、忠诚的使用者和自动的宣传员。

利用回头客宣传的优点是：宣传费用低、可信任度高、针对性准确，易整体提升企业形象，挖掘潜在游客的成功率高；能有效影响消费者决策，提高品牌忠诚度，更加具有亲和力，并避开竞争对手锋芒。

其不足之处在于：易产生个人偏见，观点有片面性；表述不够准确时，易产生错误的言论。

首先，我们要提供高质量的服务，真诚待客，获得游客的满意；其次，要注重旅游结束后的后续服务或联系，要常给回头客打电话或发短信、邮件进行联系、交流，说明我们新的产品；最后，要建立游客资料库，给回头客发放会员卡、价格打折或赠送小礼品、土特产品等，以体现我们的诚挚感谢。采取这些措施，我们通常可以获得回头客的宣传帮助，也能一定程度上避免片面性的表述。

108.如何自制休闲农业与乡村旅游宣传材料？

自制宣传材料是其他宣传方法的一种补充方式，对较小规模的休闲农业与乡村旅游企业来说，可能是非常重要的一种手段。自制宣传材料可以不拘一格，采取多种多样的方式，只要有效就可以了。自制宣传材料包括名片、小册子、标牌、墙体广告等。

名片内容一般包括名称、经营范围与特色、联系方式等，其成本较低，对于回头客进行宣传比较有效。

宣传小册子和传单等具有内容较为丰富、色彩较为艳丽、成本较低等特点。它应突出我们的亮点和特色。经营者可向游客或潜在游客发放，通常会获得一定的市场效果。

标识牌、路牌不仅给游客提供了便利，也起到了宣传作用。当然，它们的制作应美观耐用、简洁自然，千万不要因粗制滥造而起到相反效果。可在交通较为密集的国道、省道等公路两旁或车站等人流密集的地方设立广告牌，但应注意不要违反相关法规。广告牌的制作也应美观耐用，不要粗制滥造。

车贴广告可以在自己的交通运输车辆或付费使用他人的车辆上张贴宣传材料，其内容要别具一格，具有冲击力。

109.休闲农业与乡村旅游企业如何进行赞助与公关宣传？

赞助与公关宣传是利用公共关系促销的两种不同方式。赞助是无偿提供资金或物质对各种社会事业作出贡献；而公关宣传是利用各种传播媒介，沟通自己企业同社会公众及游客之间的相互联系，增进相互的了解和理解。这两种方式的目的都是为了树立企业的良好形象和信誉，提高知名度，激发公众和游客的好感与信任，为企业产品销售创造一个良好的外部环境，实现企业盈利的目的。

（1）如何进行赞助。公关赞助需要一定的方式方法，否则，效果难以预期。

①公关赞助应采取的基本原则。赞助是一种技术性和政策性很强的公共关系宣传活动，开展赞助活动必须遵循以下基本原则：

社会效益原则。开展赞助活动必须着眼于社会效益，以获得公众的普遍好感。一般说，企业应优先赞助社会慈善事业、福利事业、教育事业和公共设施的建设。

合法原则。合法原则是开展赞助活动的基本要求。企业开展赞助活动时必须遵守党和国家的政策法律。违背政府的政策法规，利用赞助活动搞不正之风，会削弱赞助活动的宣传效果。

实力原则。一般地说，赞助活动应当量力而行，根据企业利润额、经济实力和市场发展战略，支出合理的赞助经费。赞助经费的数额，必须在企业能够承受的范围之内，同时又要达到一定的额度，以形成较大的影响。

相关原则。赞助的对象应当与公众生活或自己的经营内容相关联。

②常见的赞助形式。包括以下几种：

社区赞助。这是对企业所在地事业的赞助，它有利于获得良好的经营环境和社会声誉。

慈善赞助。这种赞助往往与企业的营销目标无明显联系，但具有社会价值和社会需要，易在社会公众中引起较大反响。

市场开发赞助。这种赞助与市场营销战略和企业目标有关，如给学校赞助，以有利于获得学校将该企业定为乡村实践基地等，不仅开拓了学校市场，同时还为将来的营销奠定基础。

文化赞助。这种赞助主要是利用文艺界、体育界的名人效应，提高企业的声望。企业应支持和赞助具有充分公众基础的艺术形式和体育项目，立意创新，体现企业对发展文化、体育事业的赤诚之心和社会责任感，在公众心目中树立起良好的形象，企业的经济效益也会大大提高。

③公共赞助应该注意的问题。休闲农业与乡村旅游企业应选

择恰当的时机进行恰当的赞助。如出现重大事件时，社会、媒体、民众对事件的关注度最高，如果企业能够在第一时间主动表态，必然可以引来更多注意，也最能吸引媒体的报道。

另外，要制定详细的计划。企业在执行公益赞助时应预先将整个过程的每个步骤考虑周到，包括何时赞助、赞助多少、何时举行新闻发布会等。只有考虑充分，把握得当，才能使企业避免成为"无名英雄"。

（2）公关宣传活动。公关宣传活动包括吸引记者前来采访报道，策划新闻事件，组织参观活动等。

记者的采访报道实际上是一种宣传，而且通常比其他宣传方式更为人所信赖，因此休闲农业与乡村旅游经营者要积极吸引记者前来并提供各种便利。

平淡的环境难以吸引记者前来，休闲农业与乡村旅游经营者要注意观察、发掘身边和企业的新闻事件，有意识、有目的、有计划地根据新闻事件的特点，展开一些宣传形象的活动，以便引起新闻媒介的广泛报道，产生重大的社会影响。如某地休闲农业与乡村旅游经营户收养了一头野生小熊，吸引了电视台和报纸记者前去进行系列采访报道，扩大了知名度和影响力。也应注意充分利用名人效应，如领导、明星的到来等进行宣传。

休闲农业与乡村旅游者对自己的产品、服务和特色较有信心的时候，可以适当组织社会各界人士或有关公众代表免费参观考察，以加深公众对自己的了解，引起公众的兴趣。

110. 休闲农业与乡村旅游企业如何与旅行社合作？

有人说旅行社是旅游行业中的龙头产业，因为它起到连接旅游产品和旅游者之间的媒介作用，因此，对于休闲农业与乡村旅游企业来说，旅行社的作用不容忽视，应加强与旅行社的合作。

应注意，旅行社是独立的法人企业，它的行为均是以自身利益为出发点的，它不仅依据休闲农业与乡村旅游产品和服务的特色与质量，也根据佣金或支付条件来选择乡村旅游企业进行合作。有的时候，出于自身的目的，旅行社不会把有用的市场信息全部反馈给休闲农业与乡村旅游经营者，也会在某种程度上排斥休闲农业与乡村旅游的营销人员，因此，和旅行社的合作要讲究方式方法。

（1）与旅行社合作的方式。一般而言，当地旅行社受到政府的督促，会与休闲农业与乡村旅游者进行各种形式的合作，而这种合作的关键是经济利益的合理分配。休闲农业与乡村旅游企业要根据自身的条件、产品特色、竞争程度及淡旺季不同时段签订好合作协议，以获得稳定的合作基础和合理的经济利益。与周边城市内的旅行社合作也大概如此。

另外一种合作方式是休闲农业与乡村旅游企业与旅行社建立某种形式的经济联合体，更为紧密地合作，共同承担风险或利益。如由旅行社进行统一营销，旅行社介入项目的策划或旅行社与多个乡村旅游经营者参股成立一个公司，统一管理、统一定价、统一营销等。

（2）与旅行社合作的思路。休闲农业与乡村旅游企业要考虑到旅行社的需要，及时支付佣金，以建立良好的信誉；确保给予旅行社免费和打折的权利，不因旺季的到来而取消；要对绩效良好的旅行社给予某种形式的奖励；要及时提供有关特殊活动和大型活动的信息，以便旅行社进行销售。只有这样才能建立起长久的合作关系，达到双赢的目的。

111. 休闲农业与乡村旅游企业如何与其他经营者合作？

现代社会讲究合作，因为良好的合作会达到优势互补，实现多赢的目标。因此休闲农业与乡村旅游企业不仅要善于与其他行业合作，而且更要善于与其他休闲农业与乡村旅游经营者和大企业合作。

（1）与其他经营者的合作。不同休闲农业与乡村旅游竞争者个体之间既存在竞争的因素，也存在合作的因素。规模较小的休闲农业与乡村旅游企业之间的合作常获得单个企业所达不到的良好效果。常见的合作方式如下：

制定共同价格，以避免压价竞争；进行共同营销，可筹集较多的资金，取得规模效应；以团体的形式共同采购，可获得较低的价格；联合整治环境，修建单个企业所难以承担的污水处理设施；还可以共同设计、参与农事民俗活动等。

（2）与大企业合作。一般而言，大企业拥有雄厚的资金、分布广泛的销售网络、高素质的人力资源、完善的管理制度和较高的社会声誉，因此，和大企业的合作有利于乡村旅游企业获得资金、技术、人力、市场营销等方面的帮助，有利于企业的成长壮大和获取经济利益。但在合作时，乡村旅游企业常处于相对弱势地位，因此，要仔细考虑和选择合作的方式。常见的合作方式如下：

以"公司+乡村旅游经营户"或"公司+乡村旅游景点"的方式成立乡村旅游股份合作社。休闲农业与乡村旅游经营者以土地使用权、固定资产、资金等形式入股，以股份合作制的方式发展休闲农业与乡村旅游。大企业对当地"农家乐"实行统一管理、统一营销、整体包装。各成员单位分工明确，大企业负责市场推广和招揽客源，并帮助各单个休闲农业与乡村旅游经营者开发适销对路的"农家乐"项目。专业合作社通过不断改良项目，增加了对游客的吸引力。

以"景区+农户"的一体化经营模式进行合作。这是在较著名的景区附近的，以餐饮住宿接待为主的休闲农业与乡村旅游经营者与附近旅游景区之间的合作，是典型的互补合作。景区开发管理公司与乡村旅游经营者进行一体化经营，使乡村旅游可借用旅游景区知名度较高和已经具备的市场效应来实现快速发展，达到共享市场之目的。而旅游景区实力较为雄厚，在市场营销和产品开发方面具有优势，尤其在基础设施建设方面，可以借此共同开发市场和相关旅游产品。

112.如何保证休闲农业与乡村旅游宣传的有效性？

休闲农业与乡村旅游的宣传与推介的好坏，往往决定休闲农业与乡村旅游游客的多寡，进而决定整个经营效益的好坏。

随着市场竞争的加剧，旅游目的地的宣传也以各种形态存在于生活中。除电视、报纸、杂志、广播、户外路牌等传统媒介外，也包括网络等新型媒体，以及各类商业推广与促销活动，可谓异彩纷呈。但是并非广告满天飞就能起到预期的效果，增加了宣传的成本不说，也容易引起人们的反感。这就要求旅游目的地根据不同的时间段进行集中式投放、连续式投放、间歇式投放有机结合，达到完美的效果。另外，宣传投放也不应拘泥于新闻稿件、图片及宣传片这些传统的形式。

限于休闲农业与乡村旅游的依赖性、脆弱性、综合性、季节性等的整体特征，在进行推广与宣传的时候，必须整体把握，宏观调控，制定行之有效的传播方案，建立一套符合市场经济规律的宣传促销体系，把传播工作做到实处。综合运用广告宣传、公共关系、业务宣传等促销要素，将新闻传播、软硬广告、节庆活动、展览推销等多种促销形式整合利用，才能适应休闲农业与乡村旅游发展的需要。

113.怎样开展休闲农业与乡村旅游市场调查？

休闲农业与乡村旅游目标市场确定及市场规模预测，原则上存在因时因地的差别。一般来说，在目标市场的确定方面，除了特色旅游可能有特定的目标市场外，各地休闲农业与乡村旅游有比较多的共性；在市场规模的预测方面，它通常与当地及周围人口的文化素质及社会经济状况成正比，而与距离成反比。但是各地休闲农业与乡村旅游规模与特色差异以及开发时间的先后，决定了不同地区的休闲农业与乡村旅游市场各具特色。因此，市场调查与分析是有必要的。

（1）当地居民的调查。休闲农业与乡村旅游发生在乡村，其资源依托地在乡村，旅游吸引力也以其乡村性为主，往往乡村居民淳朴的自然生活形态本身就是一道旅游风景线。一方面，开发休闲农业与乡村旅游会对当地人的生产生活产生巨大影响，从某种程度上来说，开发休闲农业与乡村旅游的根本目的就是增加当地人的经济收入，促进乡村经济发展；另一方面，开发休闲农业与乡村旅游离不开乡村当地人的支持，脱离了乡村居民的旅游发展道路是行不通的。所以，开发休闲农业与乡村旅游，进行休闲农业与乡村旅游市场调查，首先应该对当地乡村居民进行调查。

对当地乡村居民进行旅游市场调查以面谈、电话等问询方式为主。问询法简单方便，灵活自由，可随机提出一些相应问题，对不清楚的可补充阐述；调查者还可充分发表意见，相互启发，把调查问题引向深入，有利于获取较深入的有用信息。例如，可以请熟悉当地风俗、文化的居民面谈，请他们对乡村旅游人文景观的开发现状和市场情况提出一些意见或建议。用问询法调查，信息量大，回收率高，可信度大，是休闲农业与乡村旅游市场调查常用方法。

（2）外围乡镇的调查。对休闲农业与乡村旅游资源处于"养在深闺人未识"的休闲农业与乡村旅游区来说，其休闲农业与乡村旅游客源市场调查宜以当地乡村居民的调查为主，而对已开发、游客市场已初具规模或相当规模的旅游区来说，休闲农业与乡村旅游市场调查则可以针对旅游区外围游客进行。市场调查，其基本对象是针对客源市场的游客，他们对旅游区景观、环境、基础设施、产品价格等印象的反馈对指导旅游区的进一步开发建设意义重大。针对旅游者进行的需求调查是旅游市场调查中最基本的部分。旅游市场需求是旅游者对某一旅游目的地所需产品的种类、数量，是决定旅游市场规模大小的主要因素。所以针对景区的游客市场调查是市场调查中必不可少的部分。

针对休闲农业与乡村旅游区外围游客进行市场调查，一般采用问卷调查法，调查人员将事先设计好的调查问卷发放到调查者手中，问卷的设计一般以选择题和是非题为主，便于游客作答。在问卷最后可以设计一道主观题，如：您认为限制××旅游区发展的最主要因素有哪些？请留下您对景区开发的宝贵意见或建议等。

（3）相关部门及周围城市居民调查。到当地相关部门和周围城市进行调查也是休闲农业与乡村旅游市场调查的有效途径之一。一方面，政府和相关部门能提供翔实的官方数据和资料；另一方面，政府和有关部门对休闲农业与乡村旅游市场的判断较敏锐、准确，对休闲农业与乡村旅游市场开发的意见或建议具有前瞻性、权威性和战略指导意义。开发乡村生态旅游，需要林业局、水利局、环保局等提供的相关数据和资料；旅游区市场规模预测，旅游区旅游环境容量确定等也需要到相关部门收集资料；地方部门往往熟知可以推出的旅游产品、能吸引游客的地域范围、游客群体，以及客源市场规模。调查人员对这些资料的收集对旅游区开发建设意义重大。

休闲农业与乡村旅游业是乡村发展的一个部分，休闲农业与乡村旅游市场调查自然也离不开大的乡村发展背景；如进行乡村旅游区可进入性、游客进入方式的调查等，应前往交通部门了解乡村交通系统状况。

对地方相关部门的旅游市场调查一般以面谈访问为主，可以是个别谈话，也可以是开会集中征求意见，着重对旅游市场需求、旅游市场供给情况的调查，可信度高。

对城市居民的调查可以从居民的旅游需求着手。如对城市居民按老年、中年、少年等不同年龄段和不同代际进行调查，老年一代大多曾在农村生活过，作为远离故乡的这类群体，是否迷恋乡村，对乡村向往什么；中年一代往往是从父辈口中听说了很多关于乡村的内容，又由于巨大的工作压力，对乡村很是向往；年轻一代去休闲农业与乡村旅游的动机更多的是以好奇为主。

114.休闲农业与乡村旅游市场的客源构成及特点是什么？

休闲农业与乡村旅游市场的客源构成比较广泛，每种客源又有着不同的特点。

（1）青少年市场。青少年旅游市场的主要特点是，旅游者多为未成年的中小学生，以学校或家长安排的有目的的旅游、实习等为主要内容，通过不同于城市生活的休闲农业与乡村旅游、农事活动扩大视野、增长眼界、培养吃苦耐劳精神等。这一客源适合开发参与性的务农活动、高科技农业技术参观活动，增进青少年对农村和大自然的了解。

（2）青年市场。青年旅游市场的旅游者多为追求现代潮流的年轻人。年轻人渴望的是一种全新的体验。这一客源适合开发参与性和娱乐性都比较强的休闲农业与乡村旅游产品。

（3）中老年市场。中老年休闲农业与乡村旅游市场的本质特征是怀旧、回归自然。这些中老年人在年幼或年轻的时候生长和生活在农村，工作以后或者由于某种原因从农村迁移至城市。因此，他们对农村的生活怀有追溯，在久居城市之后渴望有机会能够重新回到农村，体验回味。这一客源适合开发原汁原味的反映农村生活原貌的休闲农业与乡村旅游产品。

（4）体验农家乐的城市人。他们久居喧嚣的城市，向往农村宁静、健康的生活环境。没有参加过农业劳作，极想获得参与农业劳动的机会和空间，亲身体验农趣。更重要的是，农村的特产、农产品加工、手工艺品等也成为城市人购买的对象，可以带回都市分赠亲朋好友，从而提高了农家收入，促进了农村经济的发展。

（5）城市知识分子阶层。对于受教育程度较高的都市知识阶层，他们进行休闲农业与乡村旅游的动机主要是体验城乡文化差异，更愿意选择具有历史地理内蕴的乡村进行考察、探索，体验风土人情。因此，当应保护和开发当地具有历史、地理和人文特色的休闲农业与乡村旅游产品满足这类旅游者的需要。

（6）乡村疗养度假旅游市场。这一客源市场主要是城市高收入阶层及其家庭。他们进行休闲农业与乡村旅游的主要动机是疗养健身。因此，温泉疗养、水体运动等乡村俱乐部形式适合此类旅游者。

115.休闲农业与乡村旅游营销如何确定目标市场（游客）？

休闲农业与乡村旅游市场主要是选择城镇区域或者经济发达地区中具有回归自然、享受自然甚至是保护自然等需求的旅游者。但由于各乡村旅游产品所处地理区位环境、资源特性、知名度、种类及其生命周期、主体经营实力及市场营销战略等不同，在具体选择目标市场时也是不同的，所采用的策略也不一样。在实际操作中，要依据各地方经济状况、发展水平、交通状况等来确定目标客源市场区域和开拓市场的先后顺序。与乡村旅游产品距离近的市场和富裕起来的地区和人群都可以作为潜在目标市场。

要改变由空间距离一种因素决定目标市场的做法。在目标定位选择过程中，要从营销主体资源、目标、竞争优势和市场规模等方面对细分市场进行评估，所选择的目标市场必须与营销主体的经营目标、产品形象、所拥有的经营资源等相符合。否则，就应该放弃此类细分市场。

116.如何开展休闲农业与乡村旅游体验营销？

体验性，是休闲农业与乡村旅游与其他旅游的突出区别，因此采取多种手段开展体验营销十分必要。

（1）搞好休闲农业与乡村旅游主题策划，开展主题营销。主题是体验的基础和灵魂，是营造环境、营造气氛、聚焦顾客注意力、使顾客在某一方面得到强烈印象、深刻感受的有效手段。有创意的主题可以充分调动消费者的感觉器官，使之留下难忘的经历，强化旅游体验。休闲农业与乡村旅游的主题策划和主题营销，应根据休闲农业与乡村旅游资源及市场需求推出吸引游客眼球、满足游客心理需要的主题体验活动。例如，民俗风情体验游、野外生存体验游、童趣追忆体验游、亲子温馨体验游、动物亲近体验游、贫困苦难体验游等。

（2）挖掘休闲农业与乡村旅游资源的文化内涵，进行特色营销。乡村旅游是一种文化含量很高的旅游形式。我国乡村除了美丽的自然旅游资源以外，最能吸引旅游者的则是淳朴、神秘的人文旅游资源。因此，休闲农业与乡村旅游景区应挖掘拓展乡村文化中丰富的内涵，根据自身的特色打造独特品牌，进行特色营销。例如，梅州"雁南飞"茶田度假村，在茶叶包装、旅游纪念品的设计等方面都体现了茶文化的特色，成功打造了"茶"文化旅游精品。

（3）关注绿色消费，实施绿色营销。目前，旅游消费者的公益环保意识不断增强，绿色旅游需求日益突出。休闲农业与乡村旅游营销要主动迎合旅游消费绿色化新趋向，突出绿色内涵。

（4）突出休闲农业与乡村旅游产品的参与性，加强互动营销。体验的前提是参与。因此，应尽量设计、提供参与性强、兴奋感强的休闲农业与乡村旅游活动与项目，突出游客和旅游企业、游客和原居民、游客和游客的互动，激发游客的主动性，获得美好的体验。

（5）改变营销观念，搞好网络营销。目前休闲农业与乡村旅游区大多处于"养在深闺人未识"的状态，营销观念落后，网络意识淡薄，因信息不灵而造成经营被动，严重地影响和阻碍着乡村旅游的发展。休闲农业与乡村旅游营销可充分利用互联网平台，通过新媒体进行网络营销。

（6）培养专业人才，优化营销服务。任何一种营销模式都要由人来操作、完成，并通过人来树立其形象、品牌。休闲农业与乡村旅游的体验营销也是如此。休闲农业与乡村旅游区可与高等院校、专业化公司进行合作，对休闲农业与乡村旅游从业人员进行专业化培训，提高人才素质，以便为游客提供高质量的营销服务。

117.休闲农业与乡村旅游者消费决策时考虑哪些问题？

旅游消费决策是旅游消费者做出的关于购买某种旅游产品进行消费的决定。休闲农业与乡村旅游消费者在做出决策时面临的问题，可以归纳为以下方面：

（1）为什么消费。休闲农业与乡村旅游者的消费动机不同，对旅游产品的需求也就不同。

（2）消费什么。决定消费什么是休闲农业与乡村旅游消费决策的核心，如休闲农业与乡村旅游产品的类型、规格、价格等。

（3）消费多少。消费多少通常取决于其实际需求、支付能力及市场供求状况。

（4）去哪里消费。休闲农业与乡村旅游消费者会根据自己的消费能力、交通便利状况决定消费的目的地。

（5）什么时候消费。这一般取决于休闲农业与乡村旅游消费者消费需求的紧迫性及空暇时间。

（6）如何消费。比如是否选择预定，通过哪些方式预订等。
.

118.休闲农业与乡村旅游者消费决策有哪些阶段？

从休闲农业与乡村旅游消费者消费决策的过程来看，休闲农业与乡村旅游者消费决策可分为以下阶段：

（1）消费认识阶段。在这一阶段，旅游者会根据自己的经济实力、闲暇时间以及所在地区休闲农业与乡村旅游的发展状况，做出是否出游的决定。

（2）信息搜集阶段。如果旅游者认为有必要进行休闲农业与乡村旅游消费，就会寻找有关休闲农业与乡村旅游产品的信息。休闲农业与乡村旅游消费者获取信息的渠道有：固有的记忆、亲戚朋友的意见和建议、政府部门提供的信息、新闻媒体提供的信息等。

（3）方案评价和选择阶段。信息搜集之后，休闲农业与乡村旅游消费者会将几种旅游产品进行对比、评价，结合自己的经济能力、消费动机等进行选择。

119.休闲农业与乡村旅游导游应具备哪些素质？

作为一名休闲农业与乡村旅游的导游，必须具备优良的素质，包括基础素质、行业素质、职业素质。

（1）基础素质。要做到遵纪守法，热爱讲解工作，为游客提供真诚的服务并维护其合法权益。

（2）行业素质。休闲农业与乡村导游担负着当地"解说员"的角色，应该熟悉当地景点以及设施情况。乡村导游应掌握一定的旅游知识，包括与当地旅游相关的历史、地理、宗教、民俗风情等方面的知识。乡村导游如果能以一种都市游客更能接受的方式展示热情、好客的话，将使休闲农业与乡村旅游更具吸引力。因此休闲农业与乡村旅游导游要学习礼仪知识，提高自身素质。

（3）职业素质。导游讲解工作是一项脑力体力双重付出的工作，休闲农业与乡村旅游导游要能保持良好的精神状态，能独立承受各种压力，做到心态平衡。休闲农业与乡村旅游导游要具备多方面的综合能力。主要包括良好的口语表达的能力、人际沟通的能力、组织协调的能力以及身体的适应能力等。

120.休闲农业与乡村旅游导游在接待中应注意哪些问题？

休闲农业与乡村旅游导游在接待中必须注意针对"不同的人，说不同的话"，否则会因为"一言不慎"而导致乡村旅游者的"众言围剿"。

（1）形式多样。对于那些为了享受回归自然的感受，获得身心放松的游客，要求导游在讲解时做到形式活泼多样。

（2）轻松幽默。对于那些希望借助休闲农业与乡村旅游从日常生活紧张郁闷中解脱的游客，导游在讲解时应该选择一些轻松幽默的话题，使他们获得身心放松。

（3）示范表演。随着农村经济的蓬勃发展，许多带有参观、考察、学习、实践等目的下乡的团队明显增加，特别是青少年的乡村体验游。这类游客求新异求知的动机明显。对于此类游客要求导游能熟练地介绍农事知识并能做简单的农作示范，使旅游者增进知识、开阔视野。

（4）准确答问。一些游客对乡村地区的民风民俗非常关注，希望通过旅游来提高自身对乡村旅游产品的鉴赏能力，要求导游能结合时代特点，充分准备和了解当地民风民俗及历史遗迹等，并能准确回答此类游客提出的有关问题。

（5）科学介绍。许多前往乡村地区旅游的客人喜欢亲自去采摘，垂钓，捕捉。他们图的是劳作过程的那种体验和品尝收获的那番滋味。在为这类游客讲解时，导游要向游客介绍有关产品质量优劣、成熟程度的鉴别；要懂得并介绍采摘、获取的方法、技巧；要提醒注意劳动过程可能出现的危险；要提示、控制收获物的数量，协助游客将带回的部分打包。

（6）注重养身。参与乡村旅游活动已经成为了现代都市人参加健康活动，强体健身的一种方式。对于这类游客，导游要向他们介绍一些乡村养生知识与方法。

● 知识窗

休闲农业与乡村旅游服务基本原则

服务中的"三四五六十一"

"三轻"：走路轻，说话轻，操作轻。

"三不计较"：不计较客人不美的语言，不计较客人急躁的态度，不计较个别客人无理的要求。

"四勤"：嘴勤、眼勤、腿勤、手勤。

"四不讲"：不讲粗话，不讲脏话，不讲讽刺话，不讲与服务无关的话。

四种服务忌语：蔑视语、否定语、顶撞语、烦躁语。

"五声"：客来有欢迎声，客问有答声，工作失误有道歉声，得到帮助有致谢声，客人走时有欢送声。

六种礼貌用语：问候用语，征求意见用语，致歉用语，致谢用语，尊称用语，道别用语。

文明礼貌用语十一字：请，您，您好，谢谢，对不起，再见。

乡村旅游产品是一个整体，每个环节的服务质量都会影响游客对整体服务质量的评价，因此要重视每个环节的服务质量。

121.休闲农业与乡村旅游的住宿有哪些类型？

不同的休闲农业与乡村旅游者会选择不同类型的住宿形式。目前，休闲农业与乡村旅游住宿的类型有以下几种：

（1）民居旅馆。民居旅馆作为乡村文化和生活的载体，无须太大投资，也无须过多装点，只利用村民的房舍稍作改建，维持原有的生活风貌与乡土风味就可以了。村民以家庭为单位向旅游者提供服务，风格上亲民、朴素，适合怀旧和渴望体验乡村生活、感受乡村风俗的旅游者。虽然乡村生活的本质是淳朴和简单，但是生活接待设施必须保持清洁，配备卫生的厕所和沐浴设备，最起码不能让习惯了舒适生活的旅游者感到恶心或反感。

（2）野外露营。野外露营主要针对年轻人爱冒险，爱探索，性格大胆，精力充沛的特点设计，让他们通过这种充分融入自然的住宿方式体验一种有别于现代化生活的原始生存环境。经营者可将露营地分为几个区，如帐篷区、吊床区、烧烤区、掩火区等，准备好相应的设施设备，设计供水、排水系统和垃圾处理系统，注意防火、防盗、防蚊虫等。

（3）乡村酒店。乡村酒店能提供大型的住宿及餐饮接待，档次较高，规模较大，同时兼具会议、休闲、娱乐等功能，适合大家庭聚会、团体会议和集体活动等。它是把现代化的办公、会议、康乐等设施隐藏于乡村风格的建筑、环境和气氛之中，以求没有束缚地联络感情和凝聚团队精神。目前乡村酒店也开始规范化发展，如成都市质量技术监督局于2005年12月发布了《乡村酒店服务质量等级划分及其评定》，采用星级方式由低到高划分为一至五星级。负责评定的乡村酒店旅游服务质量评委会，会从生态环境和乡村风情，建筑结构和布局，用地面积及绿化率，公共信息图形标志，文化内涵的体现，前厅、客房、厨房、公共区域的设施设备，酒店服务，休闲娱乐项目等方面对区域内的乡村酒店进行细化评分，根据分值授予相应的星级。

122.休闲农业与乡村旅游客房布置有哪些基本要求？

客房是宾客生活的室内环境，布置的基本要求是：安全、健康和舒适。

（1）安全性。安全性首先表现在对火灾的预防上，客房内的建筑材料、家具、陈设、布艺应尽量采用难燃或阻燃的材料，电源的线路、开关、灯具的设置都要有可靠的安全措施；其次还应注意保护客人的财产安全，门窗锁件和卡扣要保证质量；最后要保证客人的隐私，要求墙壁、门窗保证隔音，为客人营造一个安静的休息环境。

（2）健康性。客房布置的健康性首先表现为客用物品的干净与卫生，必须保证一客一用，防止传染性疾病的传播；空调器要定期清洗进气滤网，保证室内空气的清洁；室内照明的布置应考虑客人在房间内的自由活动。

（3）舒适性。客房是客人休息的场所，因此客房的布置要体现一定的舒适感，可以考虑以下几个方面：①家具的摆设是否得当，是否有利于客人行走和在房内的生活起居需要。②卧具的选择是提升舒适性的首要因素，所以床垫要保证硬度适中、透气，床上用品要柔软、细腻。③窗帘的选择要有纱窗帘和布窗帘两层。

● **知识窗**

休闲农业与乡村旅游客房的种类

乡村旅游住宿接待所需客房的种类主要包括：

（1）单人间。房间内只放一张单人床，适用于单身客人。

（2）双人间。房间内放置两张单人床，可供两人居住，也可供一人居住。带有卫生间的双人间称为"标准间"。

（3）多人间。房间内放置三张或三张以上单人床。

（4）大床间。房间内放置一张双人床，可供夫妻旅游者居住，也适合单身客人居住。

123.如何开展休闲农业与乡村旅游客房服务？

客房服务是休闲农业与乡村旅游中最重要的服务环节，往往关系到宾客是否重游此地。因此，一定要重视客房服务环节。

（1）整理房间。客人住宿期间，要经常保持客房整洁，按客房清扫程序进行整理。清洁卫生工作要做到定时和随时相结合，每天上午要进行彻底清扫和整理，要随时依照客人要求进房整理。

（2）送水服务。客人入住前要在房间备好饮用热水，客人入住后要随时依照客人要求进房送水。房间如使用电热水壶或饮水机，可免去此项服务。

（3）对客租借物品。客人如要租借物品，服务员应仔细询问租借时间，将物品准备好送到客人房间后，请客人在租借物品登记表上签名，客人归还时要做好详细记录。如过了租借时间客人仍未归还物品，可主动询问，但要注意询问方式。

（4）客人遗留物品处理。客人在住宿期间或离店时，难免会遗忘或丢失物品，如客人还未离店，服务员发现房间内有遗留物品，应及时交还给客人；如客人已经离店，服务员发现房间内有遗留物品，应立即将遗留物品的房号、名称、数量、质地、颜色、形状、成色、拾物日期及自己的姓名等记录详细。随后将物品及清单一道装入遗留物品袋，将袋口封好并在袋的侧面写上当日日期，存入专门的房间放置。失主认领时，须验明其证件，签名并提供有效证件复印件。

（5）客人丢失物品处理。客人在住宿期间发生物品丢失，处理程序如下：

①安慰并帮助客人回忆物品可能丢在什么地方，请客人提供线索，分析是否确实丢失。

②查找过程中，请客人耐心等待或让客人在现场一起寻找。

③经多方查找仍无结果或原因不明时，没有确切事实认定是在客房内被盗的，店方不负赔偿责任，但应向客人表示同情和耐心解释，并请客人留下地址和电话以便日后联系。

④将整个过程详细记录。

124. 如何提高休闲农业与乡村旅游客房服务质量？

提高客房服务质量的方法包括：

（1）客房的最佳服务要突出"真诚"二字。要提升客房服务质量，服务员为客人提供的服务必须是发自内心的，努力做到真诚、热情、主动、周到、耐心。

（2）讲效率。对客服务要突出快而准，即服务动作要快速准确，服务程序要正确无误地满足客人的合理需求。

（3）随时做好服务的准备。包括随时做好心理和物质两个方面的准备，做好充分的准备是优质服务的基础。

（4）做好"可见"服务。客房服务工作面对的不是机器、原料，而是有思想、有情感的活生生的人，服务员要明白服务的价值，才能随时把自己的工作置于客人的监督之下，从而为客人留下深刻的印象。

（5）树立全员销售意识。受过良好训练的服务员懂得如何为客人提供满意的服务，懂得如何在他们为客人提供服务的同时，向客人销售或推荐自己的产品，这是经营业主本身的利益需要，也是优质服务的体现。

（6）礼貌待客。对客服务要使客人真正满意，取决于两个方面：一是服务项目本身应具备的实际效用，如客用品本身质量的好坏；二是服务员的具体表现以及和客人的相互关系。由于客人缺乏对具体服务项目的专业知识和直接接触的机会，所以当他们评价一项服务是否满意时，人际关系、服务态度方面比服务项目效用方面有更高和更直接的评判作用。因此，注重礼节礼貌是客房服务最重要的基本功之一。

125.休闲农业与乡村旅游餐饮服务托盘有哪些要领？

在休闲农业与乡村旅游的餐饮服务工作过程中，从餐前摆台、餐中提供菜单、酒水和客人更换餐具等一系列服务，到餐后的收台整理，都要使用托盘，托盘是服务员的"第二生命"。

（1）理盘：要将托盘洗净擦干。

（2）装盘：要根据物品的形状、大小、使用的先后，进行合理装盘，一般重物、高物在内侧；先派用的物品在上、在前，重量分布要得当；装酒时，酒瓶商标向外，以便于宾客看清。

（3）托盘：用左手托盘，左手向上弯曲成90度，掌心向上，五指分开，用手指和手掌托住盘底（掌心不能与盘底接触），平托于胸前，略低于胸部，并注意左肘不与腰部接触。起盘时左脚在前，右脚在后，屈膝弯腰，用右手慢慢地把托盘平拉出1/3或1/2，左手托住盘底右手相帮，托起托盘撤回左脚。

（4）行走：必须头正、肩平、盘平，上身挺直，目视前方，脚步轻快而稳健，托盘可随着步伐而在胸前自然摆动，但幅度要小，以防菜汁、汤水溢出。

（5）落盘：要弯膝不弯腰，以防汤汁外溢或翻盘；用右手取用盘内物品时，应从前后左右交替取用，随着托盘内物品的不断变化，重心也要不断调整，左手手指应不断地移动，掌握好托盘的重心。

126.休闲农业与乡村旅游的中餐摆台有哪些要求和标准？

中餐餐台通常摆放的餐具、用具有骨碟、勺垫、瓷勺、筷子架、筷子、各种中式酒杯、牙签盅、烟灰缸等。

（1）摆台要求。摆台操作前，应将双手进行清洗消毒，对所需的餐用具进行完好率的检查，不得使用残破的就餐用具。

（2）摆台标准。餐、酒用具的摆放要相对集中，各种餐、酒用具要配套齐全；摆放时距离相等，图案、花纹要对正，做到整齐划一，符合规范标准；做到既清洁卫生，又有艺术性；既方便宾客使用，又便于服务人员操作。

127.休闲农业与乡村旅游餐饮服务摆台有哪些规则？

餐台通常摆放的餐具和用具主要有：骨碟、汤碗、瓷勺、筷子、水杯、酒杯等。

餐、酒用具摆放的规则如下：

（1）摆骨碟。将餐具码好放在垫好餐巾的托盘内，左手端托盘，右手摆放。从正主人位开始按照顺时针方向依次摆放，碟与碟之间距离相等。碟距桌边1厘米，碟内图形花纹正相面对席位。

正、副主人位的骨碟应摆放于台布凸线的中心位置。

（2）摆勺垫、瓷勺。勺垫摆在骨碟的正前方。勺垫边沿距骨碟边沿1厘米，勺垫的中心置于骨碟的中心线上。瓷勺摆在勺垫的中央，勺柄朝右。

（3）摆酒具。葡萄酒杯杯柱应对正骨碟中心，葡萄酒杯底托边距勺垫边1厘米；白酒杯摆在葡萄酒杯的右侧，杯口与杯口距离1厘米。酒具的花纹要对正客人。摆放时，酒杯应扣放于托盘内。操作时，手取拿酒杯的杯座处，不能触碰杯口部位。

（4）摆筷架和筷子。筷架应放在骨碟的右侧，与勺垫的横向中心为一条线，注意造型、图案。如果是动物造型，头应朝左摆放。筷子放于筷架上，筷子图案或字要朝上对正，筷子末端距离桌边1厘米，筷身距离勺柄末端1厘米。

（5）摆公用碟、公用勺、公用筷。公用碟应放置在正、副主人席位的正前方，碟边距葡萄酒杯底托2厘米。公用勺放在靠桌心一侧，公用筷放在靠桌边一侧，勺柄朝左，筷柄向右，成为对称形，勺与筷中间间距1厘米，筷子离公用碟部分两端相等。10人以下摆放两套公用餐具，12人以上应摆4套，其中另外两套摆在台布的十字线两端，应呈十字形。如果客人人数少，餐桌较小时，可在正、副主人位置餐具前摆放公用筷架及筷子即可。

（6）摆牙签盅。牙签盅应摆在公用碟的右侧，右不超出筷柄末端，前不超出碟边外切线。

（7）摆放水杯及餐巾。将叠好的餐巾折花插入水杯中，摆放于葡萄酒杯的左侧，3套杯的中心应横向成为一条直线，水杯的上口距葡萄酒杯的上口1厘米，并将餐巾折花的观赏面朝向客人。

（8）摆放烟灰缸。从正主人席位右侧开始，每隔2个座位摆放1个，烟灰缸前端应在水杯的外切线上，架烟孔要朝向两侧的客人。

（9）摆餐椅。围椅从第一主人位开始按顺时针方向依次摆放，以餐椅椅座边沿刚好靠近下垂台布为准，餐椅之间距离均等。

（10）斟酒。斟倒酒水时，从第一主宾开始，先斟红酒，后斟白酒，酒均需斟入杯中八分满。

（11）摆菜单、台号。一般10人以下摆放2张菜单，摆放于正、副主人位的左侧。平放时菜单底部距桌边1厘米，立放时菜单开口处分别朝向正、副主人。12人以上应摆放4张菜单，并呈"十"字形摆放。

大型宴会应摆放台号。台号一般摆放在每张餐台的下首，台号朝向宴会厅的入口处，使客人一进餐厅便能看到。

这是标准的京式摆设。一般给2个托盘做准备工作。摆台要求消毒2次，在摆骨碟前和叠口布花之前。

摆台效果要求：台面各种餐具、用具摆放整齐一致，布局合理、美观，间距均等，摆放位置准确，花纹图案对正，台面用具洁净、无破损。

128.休闲农业与乡村旅游如何进行零点餐厅摆台？

零点餐厅摆台要根据餐厅的布局，定好座位，铺好台布，要求在同一餐厅内，所有餐台的台布凸缝横、竖铺放时都要统一朝向。凸缝正面向上，餐具花纹、图案对正。所摆放的物品距离均匀，清洁卫生，整齐划一。

（1）早餐摆台。骨碟摆在座位正中，距桌边1厘米；汤碗摆在骨碟的左前方；筷子摆在骨碟的右侧，图案文字要对正，筷柄距桌边1厘米；瓷勺摆在骨碟的前方，勺柄朝右，也可以摆放在汤碗内，勺柄朝左；牙签盅、调味架摆在台布中线的附近。

（2）午餐、晚餐摆台。午餐、晚餐的餐具摆放与早餐基本相同，只增加一个水杯。水杯内放入餐巾折花或餐巾纸，摆在瓷勺的前方，其他餐、酒具及公用餐具应等客人入座后，根据客人的需要随时增加。

（3）零点餐厅方桌摆台。方桌和圆桌的餐、酒具的摆放相同，不同之处是：公用餐具摆在主人席位的右侧，公用勺和公用筷斜放在公用碟内，勺与筷子相距1厘米，筷子在里，勺在外；调味架或酱油壶、醋壶放在副主人席位的右侧，酱油壶、醋壶的壶嘴朝向桌心，壶柄朝外；牙签盅放在酱油壶、醋壶的里侧，相距2厘米。

虽然国内各地区和菜系习惯各不相同，各企业的服务规范各异，摆台方法也不尽相同，但从总体上看，摆法大同小异。

129.休闲农业与乡村旅游餐饮服务斟酒有哪些要领？

（1）确定餐位上的酒水杯。为宾客斟倒酒水时，要先征求宾客意见，根据宾客的要求斟倒各自喜欢的酒水饮料，如宾客提出不要，应将宾客位前的空杯撤走。如果餐位上缺少需要的酒水杯，应立即补上。

（2）避免酒水滴在客人身上。服务员要将酒徐徐倒入杯中。当斟到酒量适度时停一下，并旋转瓶身，抬起瓶口，使最后一滴酒随着瓶身的转动均匀地分布在瓶口边沿上。这样，便可避免酒水滴洒在台布或宾客身上。此外，也可以在每斟一杯酒后，即用左手所持的餐巾把残留在瓶口的酒液擦掉。

（3）斟酒时要控制好斟酒的速度。瓶内酒量越少，流速越快，酒流速过快容易冲出杯外。因此要做到：随时注意瓶内酒量的变化情况；以适当的倾斜度控制酒液流出速度；斟啤酒速度要慢些，也可分两次斟或使啤酒沿着杯的内壁流入杯内。

（4）碰倒酒杯事件的处理方法。由于操作不慎或宾客不慎而将酒杯碰翻时应做到：应向宾客表示歉意或立即将酒杯扶起，检查有无破损，如有破损要立即更换新杯。如无破损，要迅速用一块干净餐巾铺在酒迹之上，然后将酒杯放还原处，重新斟酒。在斟软饮料时，要根据宴会所备品种放入托盘，请宾客选择，待宾客选定后再斟倒。

130. 休闲农业与乡村旅游餐巾折花摆放有哪些基本要求？

餐巾折花是一项艺术创作，它可以烘托宴会的气氛，增添宴会的艺术效果。因此，餐厅服务员要掌握餐巾折花摆放的基本要求。

（1）突出主位。主位要选择主花。主花一般要选择品种名贵、折叠精细、美观醒目的花形。

（2）注意协调性。餐巾折花的协调性是指无论是大型宴会还是小型宴会，除主位外的餐巾折花要高矮一致，大小一致，要把一个台面或一组台面当做一个整体来布置。一般主位的餐巾折花与其余的不同。

当只有一桌的宴会上选用各不相同的花形时，主花要明显。如果选择的花形都是比较矮的，与主花高低相差不能太多。除了主花以外，如果还有高低差别，较大的花，则要以主花为主，其余的花不能高于主花，同时要高矮相间布置，不要将高的花与矮的花挤在一起摆放，使整个台面整体协调一致。

131. 休闲农业与乡村旅游餐巾折花有哪些注意事项？

（1）选择好餐巾。餐巾要干净、熨烫平整、无破损，并根据用餐的具体情况选定餐巾。

（2）在折花操作前，要洗净双手。操作中不能用嘴咬或牙叼餐巾，也不要多说话，以防唾沫玷污餐巾。

（3）折花操作时要在干净的工作台或托盘上操作，并准备好辅助工具。

（4）折花时，要姿态正确，手法灵活，用力得当，角度要算准，折摺要均匀，力争一次折成。折花要正确使用推折、折叠、卷筒、翻拉、捏、穿、掰7种方法。

（5）折花要简单美观，拆用方便，造型生动，形象逼真。

（6）餐巾折花一般放置在杯中高度的2/3处为宜。

（7）尊敬各来源国客人的习俗，尊重他们的爱好和忌讳。

132.休闲农业与乡村旅游餐饮服务中如何使用台布？

台布是餐厅摆台所必备的物品之一。台布的规格及色泽的选择，应与餐台的大小、餐厅的风格协调一致。

（1）准备工作。铺台布之前，首先应将所需餐椅按就餐人数摆放于餐台的四周，使之呈三三两两的并列状。然后服务人员应将双手洗净，并对准备铺用的每块台布进行仔细的检查，发现有残破、油渍和皱褶的台布则不能继续使用。最后应根据餐厅的装饰、布局确定席位。

操作时，餐厅服务员应将副主人处餐椅拉开至右侧餐椅后边，餐厅服务员站立在副主人餐椅处，距餐台约40厘米，将选好的台布放于副主人处的餐台上。

铺台布时，双手将台布打开并提拿好，身体略向前倾，运用双臂的力量，将台布朝主人座位方向轻轻地抛抖出去。在抛抖过程中，做到用力得当，动作熟练，一次抖开并到位。

（2）铺设方法。中餐圆台铺台布的常用方法有推拉式、抖铺式和撒网式3种。

①推拉式铺台。用双手将台布打开后放至餐台上，将台布贴着平行推出去再拉回来。这种铺法多在零点餐厅、较小的餐厅，或因有客人就座于餐台周围等候用餐时，或在地方窄小的情况下选用。

②抖铺式铺台。用双手将台布打开，平行打折后将台布提拿在双手中，身体呈正位站立式，利用双腕的力量，将台布向前一次性抖开并平铺于餐台上。这种铺台方法适合于较宽敞的餐厅或在周围没有客人就座的情况下进行。

③撒网式铺台。用双手将台布打开，平行打折，呈右脚在前、左脚在后的站立姿势，双手将打开的台布提拿起来至胸前，双臂与肩平行，上身向左转体，下肢不动并在右臂与身体回转时，台布斜着向前撒出去，将台布抛至前方时，上身转体回位并恢复至正位站立，这时台布应平铺于餐台上。抛撒时，动作应自然潇洒。这种铺台方法多用于宽大场地或技术比赛场合。

（3）注意事项。铺台布时，台布不能接触地面，台布中间折纹的交叉点应正好在餐台的中心处。台布的正面凸缝朝上，中心线直对正、副主人席位，四角呈直线下垂状，下垂部分距地面距离相等，铺好的台布应为平整无皱纹。铺好台布后，应将拉出的餐椅送回原位。

> ● **知识窗**
>
> ### 接待服务的"六知三了解"
>
> 六知：知宴请单位，知主宾身份，知开席时间和就餐标准，知桌数和人数，知本餐厅经营的风味和特色，知当天供应的菜点及酒水的品种、价格。
>
> 三了解：了解宾客的风俗习惯，了解生活忌讳，了解特殊需求。

133.休闲农业与乡村旅游餐饮上菜有哪些要求？

休闲农业与乡村旅游的上菜环节，是凸显乡村旅游餐饮服务水平的重要环节。

（1）上菜程序

①中餐上菜的一般顺序。冷盘、热炒、大菜、汤菜、炒饭、面点、水果。上汤则表示菜已上齐，有的地方还有一道点心再上一道菜的做法。

②粤菜的上菜顺序。冷盘、羹汤、热炒、大菜、青菜、点心、炒饭、水果。上青菜则表示菜已全部上齐。

一般中餐宴会上菜的程序是：第一道是凉菜，第二道是主菜（较高贵的名菜），第三道是热菜（数量较多），第四道是汤菜，第五道是甜菜（随上点心），最后上水果。

（2）上菜规则

中餐宴会上菜应掌握的规则是：先冷后热、先菜后点、先咸后甜、先炒后烧、先清淡后肥厚、先优质后一般。如客人对上菜有特殊要求，应灵活掌握。

（3）上菜位置和动作

餐厅服务中在为宾客上菜时，应选择正确位置。中餐宴会上菜一般选在陪同和次要客人之间，并始终保持在一个位置。上菜时，餐厅服务员将菜肴放在托盘内端至桌前，左手托盘，右腿在前，插站在两位客人坐椅间，左腿在后，侧身用右手上菜，把菜品送到转台上，报清菜品名称，然后按顺利时针方向旋转一圈，等客人观赏完菜品后，转至主宾面前，让其品尝。上下一菜品时，将前一道菜移到其他位置，将新菜放在主宾面前，残菜应随时撤下，但不要撤得太多，菜盘应及时调整，注意盘与盘之间的距离，保持桌面整洁、美观。中餐散座上菜与宴会上菜基本相同，但应注意上菜的位置不能选在老人或儿童身边，以免出现意外。

（4）上菜技巧

上菜供给客人用餐也得慎重从事，技巧熟练者方能做到餐桌服务有序。不要以为乡村餐厅提供的食品没那么多讲究，于是就在动作上有所怠慢。我们要使客人觉得：即使是小额的消费换得的却是舒心的享受。端送菜肴不宜错误，同一桌客人的餐饮，能调整在同一时间进食比较恰当。如果客人赶时间，服务人员要提示厨房快速提供服务，但应注意先后顺序，以免发生纠纷。

上菜注意事项如下：

①前往配餐间或厨房叫菜，不可争先恐后，按顺序接受领菜。

②离厨房之前，检查托盘的清洁，依服务顺序放置在托盘上，

155

并注意食品的美观和温度。

③上菜时不可贪图方便。除了干的菜肴勉强用手拿送,带汤汁的菜宜用托盘。不宜端的太多,这既难看又可能发生意外。

④领菜回到餐厅先放置在工作台,到餐桌招呼一声,顺便收回脏的茶杯及烟灰缸,以腾出放置菜肴的空间。

⑤若是吃饭的菜,随即盛饭送上;若为下酒的菜,提供酒水服务。

⑥上菜时要轻巧,不要弄出声来。端送盘、碟、碗时,每只手应将大拇指轻按缘边,其余4指支撑底部,手指不可触及食物。

⑦热烫的菜上桌时,应提醒客人注意,因为有些用油炖的菜虽然沸腾,但不冒热气,不知情的客人往往一口气咽下,容易受伤。

⑧服侍中注意水或酒、菜及饭的添加时机,避免客人等候;随时更换烟灰缸、毛巾、汤碗、骨盘。

⑨餐饭的尾声,可询问客人是否需要水果等。如需水果,应提供水果碟及水果篮的配套服务。

(5)菜肴摆放要求

即将上台的菜要按一定的格局摆放好。摆菜要讲究造型艺术,要注意礼貌,以尊重主宾,方便食用为宜。摆菜的具体要求如下。

①摆菜的位置适中。散坐摆菜要摆在小件餐具前面,间距要适当。一桌有几批散坐顾客的,各客的菜盘要相对集中,相互之间要留有一定间隔,以防止差错。中餐酒席摆菜,一般从餐桌中间向四周摆放。

②中餐酒席的大拼盘、大菜中的头菜,一般要摆在桌子中间。如用转盘,要先摆到主宾面前。

③比较高档的菜、特殊风味的菜,或每上一道菜,要先摆到主宾位置上;再上下一道菜后顺势撤摆在其他地方,将桌上菜肴做位置上的调整,使台面始终保持美观。

④酒席中头菜的正面要对正主位,其他菜的正面要朝向四周。散坐菜的看面要朝向顾客。菜肴的所谓看面,就是最宜于观赏的一面。各类菜的看面是:整形的有头的菜肴,如烤乳猪、冷碟孔

雀开屏等，其头部为看面；头部被隐藏的整形菜如烤鸭、八宝鸡、八宝鸭等，其丰满的身子为看面；冷碟中的独碟、双拼或三拼，如有巷缝的，其巷缝为看面，无巷缝的，其刀面为看面；盅菜类的花纹最精细的部分为看面；有"喜"字、"寿"字的造型菜，其字画的正面为看面；一般的菜肴，其刀工精细、色调好看的部分为看面。

⑤各种菜肴要对称摆放，要讲究造型艺术。菜盘的摆放形状一般是：2个菜可并排摆成横一字形；一菜一汤可摆成竖一字形，汤在前，菜在后；两菜一汤或3个菜，可摆成品字形，汤在上，菜在下；三菜一汤可以汤为圆心，菜沿汤内边摆成半圆形；四菜一汤，汤放中间，菜摆在四周；五菜一汤，以汤为圆心摆成梅花形；五菜以上都以汤或头菜或大拼盘为圆心，摆成圆形。菜肴对称摆放的方法：

其一，要使菜肴的原材料色彩、形状、盛具等几个方面讲究对称。

其二，同形状、同颜色的菜肴可相间对称摆在餐台的上下或左右位置上，一般不要并排摆在一起。

其三，摆放时注意荤素、颜色、口味的搭配和间隔，盘与盘之间距离相等。

其四，如果有的热菜使用长盘，其盘子要横向朝主人。

其五，如果上整鸭、整鸡、整条鱼时，中国传统的礼貌习惯是"鸡不献头，鸭不献掌，鱼不献脊"，即上菜时将其头部一律向右，脯（腹）部朝主宾，表示对客人的尊重，但有些地区则要求将其头部正对主人，以示尊重。

（6）特殊菜肴上菜方法

①上拔丝菜。要托热水上，即用汤碗盛装热水，将装有拔丝菜的盘子搁在汤碗上用托盘端送上席，并跟凉开水数碗。托热水上拔丝菜，可防止糖汁凝固，保持拔丝菜的风味。

②热菜跟佐料、小料的上菜方法。应同热菜一起上齐，并在上菜时略作说明。

157

③上易变形的炸爆炒菜肴。一出锅立即端上餐桌。端菜时要轻稳，以保持菜肴的形状和风味。

④有声响的菜。有些菜如锅巴菜一出锅就要以最快速度端上台，随即把汤汁浇在锅巴上，使之发出响声。做这一系列动作要连贯，不能耽搁，否则此菜将失去应有的效果。

⑤上原盅炖品菜。上台后要当着客人的面启盖，以保持炖品的原味，并使香气在席上散发。揭盖时要翻转移开，以免汤水滴落在客人身上。

⑥上泥包、纸包、荷叶包的菜。先上台让客人观赏，然后再拿到操作台当着客人的面打破或启封，以保持菜肴的香味和特色。

134.休闲农业与乡村旅游餐饮分菜有哪些要求？

无论在中餐厅还是西餐厅，餐厅服务员的工作之一就是分菜服务。分菜服务既体现着餐厅服务员的工作态度，又反映出餐厅的服务水平。分菜分为中餐分菜和西餐分菜，我们主要掌握中餐分菜。

（1）分菜前的准备工作

菜品端上餐台之前，看台的餐厅服务员要准备好分菜所用的各种餐具及用具。

①分菜餐具的准备。分炒菜前，应准备分菜所需相应数量的骨碟；分汤菜前，应准备分汤菜所需相应数量的汤碗与长把汤匙；分蟹类菜肴时，应按相应的人数准备好骨碟与蟹钳等。

②分菜工具的准备。分菜服务前，应将分菜所需的工具、用具准备齐全，如分菜所需的餐刀、餐叉、餐勺、筷子、汤匙及垫盘、布巾等。

③菜肴展示。当传菜员将菜由厨房送至前台后，看台餐厅服务员在分菜服务前，应将菜肴端至客人面前（或放在餐台上或端托在手上）向客人展示。展示的同时，要向客人介绍菜肴的特点、烹调方法等有关内容。等客人观赏后，方可进行分菜服务。

展示菜肴时，餐厅服务员应将菜肴的主看面朝向客人，利用转台的旋转，按顺时针方向徐徐转动餐台一周后，再将菜肴分让给客人；如端托展示时，应用左手端托，右手扶托，将菜托至与餐台平行的高度，餐厅服务员站立的位置应是第一主宾或第一主人视线的最佳位置，同时又要照顾到其他客人的观赏，如选在第一主人或第一客人斜对面进行菜肴展示。

（2）中餐分菜的工具

常用的中餐分菜的工具有分菜叉（服务叉）、分菜勺（服务勺）、公用勺、公用筷、长把勺等。

①分鱼和禽类菜品时，准备一刀、一叉、一匙。

②分炒菜时准备匙、叉各一把或一双筷子、一把长柄匙。

③分汤菜时，使用长柄汤匙和筷子。

（3）中餐分菜工具的使用方法

①服务叉、勺的使用方法。服务员右手握住叉把和勺把的后部，叉在上，勺在下，勺面向上（叉面向上或向下视服务菜肴类型而定）。在夹菜肴和点心时，主要依靠手指来控制。右手食指插在叉把和勺把之间，与拇指配合捏住叉把，其余3指控制勺把，无名指在勺把上面，中指和小拇指在勺把下面。分带汁的菜肴时，由位置在下的服务勺盛汁。

②公用勺和公用筷的用法。服务人员右手握公用筷，左手持公用勺，相互配合将菜肴分到宾客餐碟之中。

③长把汤勺的使用。长把汤勺分汤菜，汤中有菜肴时需用公用筷配合操作。

（4）中餐分菜的顺序

在餐桌上分菜时，服务员应站在客人的左侧操作，按逆时针方向先宾后主依次分派。

在旁桌上分菜时，服务员应站在客人的右侧操作，将分好的菜肴，按顺时针方向先宾后主依次分派。

（5）分菜的基本要求

①将菜点向客人展示，并介绍名称和特色后方可分让。大型

宴会，每一桌服务人员的派菜方法应一致。

②分菜时留意菜的质量和菜内有无异物，及时将不合标准的菜送回厨房更换。客人表示不要此菜，则不必勉强。此外应将有骨头的菜肴如鱼、鸡等的大骨头剔除。

③分菜时要胆大心细，掌握好菜的每份数量与总量，做到分派均匀。

（6）特殊情况的分菜方法

特殊情况包括特殊宴会形式和特殊菜盘两大类。

①殊宴会的分菜方法。

• 顾客只顾谈话而冷淡菜肴时：遇到顾客只顾谈话而冷淡菜肴情况时，服务员应抓住顾客谈话出现短暂的停顿间隙时机，向客人介绍菜肴并以最快的速度将菜肴分给客人。

• 主要客人带有少年儿童赴宴时：分菜时先分给儿童，然后按常规顺序分菜。

• 老年人多的宴会：采取快分慢撤的方法进行服务。分菜步骤采用先少分再添分。

②特殊菜肴的分让方法。

• 汤类菜肴的分让方法：先将盛器内的汤分到客人的碗内，然后再将汤中的原料均匀地分入客人的汤碗中。

• 造型菜肴的分让方法：先将造型的菜肴均匀地分给每位客人。如果造型较大，可先分一半，处理完上半部分造型物后再分剩余的一半；也可将可食用的造型物均匀地分给客人，不可食用的，分完菜后撤下。

• 卷食类菜肴的分让方法：卷食类菜肴一般情况是由客人自己取拿卷食。如有老人或儿童多的情况，则需要分菜服务。方法是：服务员将碟摆放于菜肴的周围，放好铺卷的外层，然后逐一将被卷物放于铺卷的外层上，最后卷上送到每位客人面前。

• 拔丝类菜肴：拔丝类菜肴必须配上凉水。分让时用公用筷将菜肴夹起，迅速放入凉开水中浸一下，然后送入客人碗中。要注意拔丝的效果，分让动作要敏捷、连贯，做到即拔、即上、即浸、即食。

135.休闲农业与乡村旅游如何打造特色饮食？

旅游者来到乡间，迫切希望能在乡村品尝到回归自然、返璞归真的"乡味"，即民间烹饪。民间烹饪，就是城乡民间家常菜的烹饪艺术。有着营养丰富、取料广泛、经济实惠的特征，保持了质朴自然、原汁原味的鲜明个性。民间菜在烹制过程中，绝无刻意雕塑之态，却有活泼、自然、拙朴之美。在选料时，并不像经典烹饪那样严谨，可以在思想上无拘无束，随意驰骋，这种无意创作而创作出来的东西，其风格自然是质朴的、本味的。如民间制作酒菜，炒一盘花生米，或者拌一盘白萝卜丝，随意切几刀鲜红椒丝，掐一撮香菜叶，白、红、绿相间，美观好看，清脆利口。可以说，民间烹饪的这种特质是经典烹饪难以比拟的。

• 知识窗

休闲农业与乡村旅游的合理营养有哪些要求？

合理营养是指全面而平衡的营养，或者说全面地提供达到营养供给量的平衡膳食。合理营养的基本要求如下：

（1）热能和各种营养素摄入量要满足要求。

（2）热能和各种营养素摄入量比例适宜。

（3）食物在烹饪、加工和贮藏过程中要讲究科学，提高食品中营养素保存率，提高食品营养价值。

（4）膳食制度要合理：进餐时间、进餐数量要有规律，进餐环境要舒适。这样，有利于提高食欲、增加吸收，从而提高人体健康水平。

（5）食物对人体无害。

136. 为游客提供早、中、晚餐要注意哪些问题？

一日三餐不仅要定时定量，更重要的是要能保证营养的供应，做到膳食平衡。

人们常说"早吃好，午吃饱，晚吃少"，这一养生经验是有道理的。早餐不但要注意数量，而且还要讲究质量。主食一般吃含淀粉的食物，如馒头、豆包、玉米面窝头等，还要适当地增加一些含蛋白质丰富的食物，如牛奶、豆浆、鸡蛋等，使体内的血糖迅速升高到正常标准，从而使人精神振奋，能精力充沛地活动。

午餐应适当多吃一些，而且质量要高。主食如米饭、馒头、玉米面发糕、豆包等，副食要增加些富含蛋白质和脂肪的食物，如鱼类、肉类、蛋类、豆制品等，以及新鲜蔬菜，使体内血糖继续维持在高水平，以保证下午的活动。

晚餐要吃得少，以清淡、容易消化为原则，至少要在就寝两个小时前进餐。如果晚餐吃得过多，并且吃进大量含蛋白质和脂肪的食物，不容易消化也影响睡眠。另外，人在夜间不活动，吃多了易营养过剩，会导致肥胖，还可能使脂肪沉积到动脉血管壁上，导致心血管疾病，故应合理安排一日三餐。

137. 休闲农业与乡村旅游吃住行玩应有怎样的配套服务理念？

休闲农业与乡村旅游服务中，除了应该给游客提供各种优质的服务外，还应形成为游客提供吃住行玩一条龙，便捷自主，人性化和多样化的一站式旅游配套服务的理念。在实施乡村旅游活动的时候，各种餐饮、旅店、客运、风景名胜点、游乐场所等多种服务经营者可以相互联合，也可由一家实力雄厚的经营者为游客提供无缝周到的服务。

吃住行玩配套旅游服务，即可为旅客提供更好的体验，也能为各联合经营者提供客源与机遇。在联合提供服务的时候，应当对享受一条龙服务的游客以重点客户对待，享受价格折扣、服务升级等优待。从游客和服务经营者来说，吃住行玩配套服务理念使得游客享受到了优质廉价的服务，也使得经营者赢得了客户，是一种双赢策略。如丽江橡树园客栈，在为游客提供丽江大研古镇、束河古镇、泸沽湖、香格里拉、大理的高性价比的住宿的同时，还联合客运公司免费为游客预订机票车票等交通票务，在旅游服务中丽江橡树园客栈还可为游客提供浪漫唯美高品质摄影服务、文化休闲歌舞服务。对于单身游客，丽江橡树园客栈提供了结伴旅游网替游客相互结伴游玩提供机会。在饮食服务上，丽江橡树园客栈提供了号称丽江味道的橡树园餐厅，有名厨恭候，汇集丽江特色小吃、小炒大菜火锅等。

138. 休闲农业与乡村旅游怎样树立诚信经营理念？

近年来，伴随休闲农业与乡村旅游的快速发展，一些弊端在市场上也逐步显现。因此，休闲农业与乡村旅游企业必须在市场上树立优质、诚信服务形象，才能站稳脚跟，谋求长期发展。

（1）在经营中强化诚信教育，增强诚信经营意识。俗话说"人而无信，不知其可"。市场经济是信用经济。作为面向大众、服务大众的经营者，健全诚信和谐的旅游诚信经营体系尤为重要。在诚信建设中注重抓好三个层面：一是以诚待"民"，增强员工的对企业的凝聚力、向心力。运用各种激励手段，保障员工的基本权益，调动员工的积极性，促进员工爱岗敬业，提高对企业的忠诚度。二是以诚待客，增强乡村旅游者的美誉度。在经营中，要坚持提供公正透明、优质安全的旅游服务，具体操作细微化，合同履行一致化，确保游客玩得开心、放心、舒心。对旅游者的遇到的问题和投诉，内心热情妥善处理。三是以诚待"人"，增强合作各方合作的信心。

（2）加强诚信制度建设，构建诚信和谐旅游创建机制。"不以规矩，不成方圆"。诚信乡村旅游建设也是如此。要从制度建设入手，通过完善各种制度，来树立诚信经营形象。一是落实诚信建设的创建机构。经营者除了树立诚信经营的理念，最好还能让专人负责监管。二是建立健全各项流程与制度。三是强化乡村旅游从业者的技能基础培训。在健全制度的基础上，定期并且有针对性地开展乡村旅游从业者服务技能、职业道德和政策法规等培训，乡村旅游从业者在实战中要不断积累经验，提高整体服务水平。

139.休闲农业与乡村旅游对游客核心服务中存在哪些问题？

休闲农业与乡村旅游经营者以顾客为中心，对顾客的核心服务主要有：乡村接待、度假服务、乡村景观和乡村文化，辅助服务有餐饮、工艺品、土特产品、特色活动，此外还有更高层次的由政府、企业、行业协会等组织的面向乡村旅游的营销或服务网络。目前，我国的乡村旅游还处于起步阶段，服务的内容相对较少，质量也相对较低，还需要进一步完善。

我国各地在挖掘、整理和开发乡村文化资源，使之成为乡村旅游服务要素上，还处于粗放状态，极大地影响了游客乡村生活体验的深度和完整性。此外，核心服务质量有待提高，有很多旅游者在乡村度假时会因为卫生、生活设施落后等原因而不愿意在乡村过夜，这在很大程度上影响了乡村旅游的经营收入。例如，对广西桂林阳朔乡村旅游的一项调查表明，46.67%的游客认为当地卫生条件差或很差，主要表现在农村卫生间、饮食卫生和住宿卫生等方面。在290位希望住在农民家里的游客中，只有一位旅游者如愿以偿，其他游客均因为农家卫生条件未能满足要求而改住宾馆。核心服务质量不高还体现在服务水平上，乡村旅游经营者和从业人员多数未受过现代服务业培训，服务程序不规范，对外来游客漫天要价，拉客宰客现象时有出现。一些乡村旅游从业人员利用"天高皇帝远"

的地理位置，进行不良经营，甚至为满足和迎合游客消费需求，乱捕滥杀野生动物等。此外，辅助服务不够丰富，经营特色不够鲜明，经营者还不能依托辅助服务来进一步细分市场及细化对旅游者的服务。扩张服务还没有形成，营销和信息服务还依赖于经营者的个人努力。

140.休闲农业与乡村旅游企业如何应对危机？

休闲农业与乡村旅游企业在经营过程中，不可避免会遇到各种负面事件。有些事件会对企业的品牌声誉、经营状况、财务状况，甚至企业生存带来严重的影响，我们把这种事件叫做危机。这些负面事件可以分为自然旅游危机与经营管理危机。其中，自然危机包含地震、大风、海啸、洪水、雪灾等。经营管理危机包括停电、偷盗、食物中毒、财务、服务等。但这些危机并不仅仅表示有危险，其中还渗透着各种机遇，积极地处理危机将给企业带来大发展、大机遇。

（1）企业危机预防。防患于未然是危机管理之真谛。危机处理的准备工作必不可少。乡村旅游企业危机预防需要做到以下几方面：①危机意识的培养；②成立危机管理小组；③制定危机管理计划；④与当地负责安全的政府部门保持联系；⑤与当地重要经营伙伴建立密切联系。

（2）企业危机处理。在危机处理方法上，要注意主动性、诚意性、真实性，并作出适当的承诺。在危机发生后迅速反应，尊重游客的利益，并且做到专人专项管理，增加游客的信任感。在危机处理的时候，首先要详细调查危机发生的原因，形成报告；然后进行危机处理对策的分析与确定，对实施方案分工协作，并在处理过程中实时反馈危机处理进展，游客的生理，心理状况等，确保危机处理圆满完成。最后还要进行总结与改进，杜绝危机事件的再次发生。

在制定危机处理对策应该包含以下几个方面：①内部员工。

危机发生时，稳定员工队伍，安抚员工情绪。②相关责任人。应当明确责任人，在与责任人充分沟通的基础上，对其进行撤换，平息后可进行再安排。③受害者。在符合国家法律法规的条件下，应充分满足受害人的合理要求与愿望，制定赔偿方案，同时兼顾受害者要求与企业承受力。④媒体。危机发生后，企业应及时向媒体沟通，积极配合媒体的工作，有助于对舆论的积极导向，使危机处理向良好方向发展。⑤上级部门。对于影响公众利益与社会安全的重大危机，企业应积极与上级主管部门联系，积极配合，得到它们的帮助。不瞒报不歪曲，详细报告事情经过、处理方法与防范措施等。

141. 休闲农业与乡村旅游要应对哪些常见自然危机？

自然旅游危机是指游客在旅游活动过程中，由于自然灾害，环境因素等不可控制的原因引起的危机，由于自然灾害对旅游活动的巨大破坏性，而引起了旅游经营者的较大关注。自然旅游危机可以分为三个类型：

（1）自然灾害。自然灾害危机指飓风、雪灾、龙卷风、洪水等气象灾害，地震、海啸、泥石流、塌方等地貌灾害以及其他如森林火灾等危机。

（2）野生动植物危害。野生动植物危机指大型凶猛动物，如虎、狼、蛇等给旅游者带来的威胁与伤害，乡村旅游中易出现毒蛇伤人、马蜂蜇人等，甚至一些有毒的植物、昆虫给游客带来的疾病等。

（3）自然环境因素危机。自然环境因素危机指由于当地自然环境的条件给游客带来的危机，如高温高湿气候，高山缺氧，严寒，以及热带地区特有的疾病传播等。

142. 休闲农业与乡村旅游如何保证游客安全？

　　旅游安全保障是旅游者旅游活动能够安全、顺利进行。一方面，旅游者个人需要社会安定和安全的大环境，需要旅游过程中的安全保障；另一方面，乡村旅游业需要旅游资源的永续利用，需要保护旅游资源安全，保障旅游活动安全。乡村旅游安全保障工作是关乎其健康有序发展的重要环节之一，在保障游客旅游安全的过程中，应注意以下几点：

　　（1）设立安全管理机构，配备安全管理人员；建立安全规章制度，并组织实施；建立安全管理责任制，将安全管理的责任落实到人。

　　（2）各旅游点必须重视和规范安全管理，从事乡村旅游项目经营者，要切实保障旅游者人身及财产安全。

　　（3）水上项目等危险性系数高，经营者必须配备必要的旅游安全设备设施。在危险地块和项目上加设警示牌，提高游客的警惕，并采取适当防护措施。

　　（4）坚持日常的安全检查工作，重点检查安全规章制度的落实情况和安全管理漏洞，及时消除安全隐患。

• 知识窗

休闲农业与乡村旅游中常备应急的非处方药品

（1）解热止痛类

感冒灵胶囊：用于感冒引起的鼻塞、流涕、咽喉痛等症状。

风寒感冒颗粒：解表发汗、疏风散寒。

（2）消化道类

健胃消食片：健胃消食。用于脾胃虚弱，消化不良。

通便灵胶囊：泻湿导滞、润肠通便。

养胃舒胶囊：滋阴养胃。用于慢性胃炎、胃脘灼热、隐隐作痛。

（3）皮肤科类

痤疮平：用于寻常痤疮。

曲咪新乳膏：用于皮肤湿疹、接触性皮炎、脂溢性皮炎、神经性皮炎、皮癣、股癣、手足癣等症。

硫软膏：用于疥疮、头癣、痤疮、脂溢性皮炎、酒渣鼻，单纯糠疹和慢性湿疹。

（4）五官科类

珍珠明目滴眼液：清热泻火、养肝明目，用于视力疲劳症和慢性结膜炎。

氯霉素滴眼液：用于结膜炎、沙眼、角膜炎和眼睑缘炎。

珍视明滴眼液：用于青少年假性近视、缓解眼睛疲劳。

（5）抗过敏、晕眩类

马来酸氯苯那敏片，适用于皮肤过敏症。

盐酸异丙嗪片：用于皮肤过敏、恶心、呕吐、晕动症。

（6）内科中成药类

归脾丸：益气健脾，养血安神，用于心脾内虚、气短心悸、失眠多梦等。

麻仁丸：润肠通便，用于肠燥便秘。

143.休闲农业与乡村旅游卫生管理内容有哪些？

休闲农业与乡村旅游的游客大多吃住在农家，食品卫生、公共卫生以及各种生活用品的清洁卫生都直接关系到游客的身心健康，搞好卫生管理极为重要。卫生管理涉及游客旅游体验的各个方面，体现在服务人员接待的整个过程当中。它可以分为静态卫生管理即旅游景区、基础设施、居住设施和食物卫生管理；动态健康管理即各类服务人员卫生管理。主要内容包括：

（1）旅游景区卫生管理。包括旅游车辆、步行道、农业体验区、亭台景点等的卫生管理。

（2）基础设施卫生管理。包括园区大门、游览中心、卫生间、购物商场等及周围环境的卫生管理。

（3）居住设施卫生管理。主要是指提供的住宿环境，以清洁、舒适为重点，具体包括客房卫生、厕所卫生、客用的各种消耗品卫生等的管理。

（4）食品卫生管理。基于食品卫生法的要求，以预防食物中毒和疾病传播为重点，具体包括原材料采购、储存、加工、销售、质保、消毒等各环节的卫生管理。

（5）服务人员卫生管理。主要指休闲农业园区内所有从业人员，包括售票员、服务员、导游、种养员、保安以及各级行政管理人员的身体健康状况、仪容仪表以及个人卫生等方面的卫生管理。

144.休闲农业与乡村旅游食品卫生有哪些要求？

食品安全无小事。因此，对食品卫生要严格落实好有关卫生的要求。

（1）食品从业人员的卫生要求

①食品生产经营人员每年至少进行一次健康检查，取得健康证后方可参加工作。

②上岗前要经过食品卫生知识培训，取得培训合格证后方可上岗。

③工作期间要穿戴洁净的工作衣、帽，头发不外露，制冷拼菜和销售直接入口食品时要戴口罩。

④不穿工作服上厕所，工作前及便后要将手洗净。

⑤不留长指甲，长胡须，工作时不吸烟，不戴戒指，不涂指甲油，不随地吐痰。

（2）以下五种疾病不能从事食品服务工作

痢疾、伤寒、病毒性肝炎等消化道传染病（包括病原携带者）、活动性肺结核、化脓性或渗出性皮肤病以及其他有碍食品卫生的疾病者，不能从事食品服务工作。

（3）食物中毒的定义

凡是人们吃了带有病菌、细菌毒素或带有其他有毒、有害物质的食品而引起的急性疾病，称为食物中毒。

（4）预防食物中毒的措施

①食品要新鲜。

②防止食品污染。

③控制细菌繁殖。

145.休闲农业与乡村旅游污水处理有哪些设施？

休闲农业与乡村旅游水处理设施，重点建设给水设施和污水下水道设施，重视污水处理方法的选择。

（1）给水设施。给水设施的建设，首先估算给水量，依用水量的多少，设计建设给水设施的大小。

（2）污水下水道设施。乡村旅游区的污水来源有两种：一为开发期间产生的混浊污水，另一种为营运期间产生的生活污水与厕所废水。其中，生活污水是主要污水来源。生活污水产生量受游客人数的影响，平常与节假日差异甚大，一般生活污水量的估算方式可按自来水用水量的80%来估算。

（3）污水处理设施建设重点。包括：

①设置污水处理设施或简易污水处理设备，并应防范对海洋及河流等水源的污染；

②污水处理设施的规模与性质，视发展规模及休闲游憩功能性质而定；

③污水与雨水分开排放，同时避开供水管线，以免造成饮用水污染；

④以暗道为主，最小覆土深度不少于1米，避免管道裸露，造成不雅景观；

⑤排水管线流量设计以高峰污水量的1.5~2倍为宜，材料坚固、耐用；

⑥污水处理厂的位置应使整个社区内废水以重力方式送达为原则，尽可能缩短集水管路。

146.休闲农业与乡村旅游中常见的突发事故应如何处理？

休闲农业与乡村旅游接待中常见的突发事故主要包括：传染病（如禽流感、疯牛病等）、交通事故、治安纠纷、火灾、食品安全等。

（1）突发事故发生前的预防

①爱卫生、勤打扫。乡村旅游点应保持整齐、清洁的待客环境，定期打扫卫生，实施消毒处理，接种动物疫苗。如果注意好安全卫生，就能把人畜共患病的发生可能性降低一半。

②保持食物的新鲜。开办特色乡村餐馆的农家，一定要保障食品卫生、不过期、不被污染，防止食品变质、变坏，给游客带来中毒危害。

③不要轻易产生纠纷。俗话说"和气生财""邻里一家亲"。做乡村旅游的生意，会接触多种人群，遇到各种场合。在偶发冲突中，要保持理性，做到心平气和解决问题，坚决不做违法犯纪之事。

④时刻保持对游客安全的警惕。在接待过程中，要保护游客财产、人身安全。一方面建立自家的防窃设施，如锁不松动，窗户牢固；另一方面，时刻给游客以安全提醒。

（2）突发事故爆发后的行动

①尽快进行初步处理。在专业人士和管理人员来之前，应该通过紧急救助和安顿，以减缓事态的恶化。

②快速拨打紧急求救电话。牢记120、119、110、114等紧急求救电话和地方性的救援电话，让专业营救处理人员第一时间赶到。

③向上级汇报真实情况。在突发性事件发生后，要及时向村委会、乡政府等行政主管部门汇报事件的详细情况，不得漏报瞒报，掩盖事实真相。

④跟进善后行动。要配合有关部门，做好善后事宜。如果是经营过程出现的问题，就应该向游客赔礼道歉，做好相应的赔偿，自觉维护乡村旅游的形象与口碑。

⑤总结经验。及时整改、落实责任，避免再次发生。

147.休闲农业与乡村旅游接待服务人员应掌握哪些社交礼仪知识？

（1）握手。握手是人们见面时相互致意的最普遍的方式。握手作为一种礼节，应做到与对方一米左右距离，上身略微前倾，自然伸出右手，四指并拢，拇指张开，掌心向上或略微偏向左，手掌稍稍用力握住对方的手掌，握力适度，上下稍许晃动几下后松开。握手时要注视对方，面露笑容，以示真诚和热情，同时讲问候语或敬语。

（2）鞠躬。鞠躬是服务工作中常用的一种礼节。鞠躬的深度视受礼对象和场合而定。一般问候、打招呼时施15度左右的鞠躬礼，迎客与送客分别行30度与45度的鞠躬礼。

（3）递接名片。服务接待中有时需要向重要的客人递送名片，乡村旅游接待人员应掌握递送名片的礼节。名片放在易于取出的地方。向对方递送名片时，要用双手的大拇指和食指拿住名片上端的两个角，名片的正面朝向对方，以便对方阅读，以恭敬的态度，眼睛友好地注视对方。

乡村旅游经营者或服务接待人员在接受他人的名片时，应尽快起身或欠身，面带微笑，眼睛要友好地注视对方，并口称"谢谢"。接过名片后，应认真阅读一遍，以示敬重，看不明白的地方可以向对方请教。要将对方的名片郑重收藏于自己的名片夹或上衣口袋里。妥善收好名片后，应随之递上自己的名片。

（4）介绍礼节。乡村旅游接待人员自我介绍时，应注意介绍方式，力求简洁，主要介绍自己的姓名、身份，也可交换名片。介绍他人时，应注意介绍顺序，一般遵循"位尊者拥有优先知情权"。

（5）座次礼仪。乡村旅游接待中应该注意餐饮座次的安排礼仪。总体而言，主要把握以下原则：

①排序原则：以远为上，面门为上，以右为上，以中为上；观景为上，靠墙为上。

②座次分布：面门居中位置为主位；主左宾右分两侧而坐；或主宾双方交错而坐；越近首席，位次越高；同等距离，右高左低。

148.休闲农业与乡村旅游服务有哪些礼貌用语？

休闲农业与乡村旅游服务中的礼貌用语跟其他行业的礼貌用语类似，总体说来就是要做到"七声""十字"。"七声"即问候声、征询声、感谢声、道歉声、应答声、祝福声、送别声；"十字"即您好、请、谢谢、对不起、再见。

（1）问候声。如"先生（小姐）您好！欢迎光临""中午（晚上）好，欢迎光临！""请跟我来""请这边走"等。

（2）征询声。如"先生（小姐），您坐这里可以吗？""这是菜单，请您选择""对不起，我没听清您的话，您再说一遍好吗？""请问先生（小姐）喜欢吃点什么？我们今天新推出……（我们的特色菜有……）""请问，先生还需要点什么？""您用些……好吗？""请问先生，上一个水果拼盘吗？我们这里水果有……""现在可以为您结账吗？"等等。

（3）感谢声。乡村旅游服务中，常常需要对旅客作出的回应进行感谢，下面一些感谢语在服务中经常会遇到："感谢您的意见（建议），我们一定改正""谢谢您的帮助""谢谢您的光临""谢谢您的提醒""谢谢您的鼓励，我们还会努力"等等。

（4）道歉声。乡村旅游服务中也常常会遇到顾客不满意的情况，下面道歉语可以为服务人员提供一些参考："真对不起……还需要一段时间，请您多等一会好吗？""对不起，让您久等了""真是抱歉，耽误了你很长时间""对不起，我把你的菜上错了""实在对不起，我们重新为您做一下好吗？""对不起，请稍等，马上就好！""对不起，打扰一下""实在对不起，弄脏您的衣服了，让我拿去洗好吗？"等等。

（5）应答声。回应游客的问询时，我们需要耐心地对待每一位游客，"好的，我会通知……按您的要求去做""好的，我们马上安排""是的，我是……非常乐意为您服务""谢谢您的好意，我们是不收小费的""我明白了"等等。

（6）祝福声。如"祝您旅途愉快""新年好""新年快乐""圣诞快乐""节日快乐""祝您心情愉快"等等。

（7）送别声。在服务快要结束时常常会用以下的送别声送别游客。"先生（小姐）慢走，欢迎下次光临""先生（小姐）再见""请慢走""请走好"等等。

● 知识窗

休闲农业与乡村旅游礼貌用语上
还要注意哪些方面？

在乡村旅游中，使用礼貌用语的同时，还需要注意以下几点：

（1）注意面向游客，笑容可掬，眼光停留在游客眼鼻三角区不得左顾右盼，心不在焉。

（2）站立时要垂手恭立，身体微微前倾，双手交叉握于腹部；距离适当（一般以一米左右为宜），不要倚靠它物。

（3）要举止温文，态度和蔼，手势适度而不夸张。

（4）要讲普通话，外语以英语为主，不用污言秽语，语调亲切、热情诚恳，不要粗声粗气或矫揉造作，说话要清楚流利，意思表达要准确，以对方听得到为准，讲话速度要低于客人，不可因个人心情不佳，影响语言效果。客人之间说话不要打扰，如需要打扰时，可在说话间隙说"对不起，打扰一下"，经客人同意后再讲，说话结束后应说谢谢。

149.怎么申请休闲农业项目补贴？

休闲农业补贴的发放不仅通过农业部门，还会涉及环保、财政、发改、林业、扶贫、文化、旅游、科技等部门。这些部门每年都能申报补贴。

农业部门：农业农村部乡镇企业局（农产品加工局）设立了专门的休闲农业处，各省（直辖市、自治区）农业厅（委）设有专门的处室分管休闲农业，市、县农业局也有相应的部门。

环保部门：支持涉及农村环境综合整治的相关项目。

住房城乡建设部门：支持涉及农村危房改造、特色景观旅游村镇和传统村落及民居保护的项目。

发展改革部门：主要支持重点村和周边景区的基础设施建设。

林业部门：支持涉及林地开发的休闲农业项目。

扶贫办：主要支持重点村建档立卡，扶持贫困户参与到休闲农业项目。

文化部门：特色文化类农庄可以向地方宣传部和文化局等单位申请文化产业发展资金。

旅游部门：一些观光农庄类可以向旅游局申请旅游专项资金、旅游扶贫资金等。

科技部门：一些包含科技项目的农庄可以申请科技局的相关项目，比如农业科技成果转化、星火计划项目、科技推广与集成技术示范项目等。

150.哪些休闲农业项目更容易得到补贴支持？

（1）依托地区产业优势，结合观光采摘的项目

林果业、蔬菜水果观光采摘等类型的休闲农业项目，能申请支持的都是大量资金的补贴，但项目要求比较高，必须同地区发展方向一致。如当地的主张如果是农业设施建设，可以申请支持棚膜、浇灌、打井等农建补贴；山区林果业和农业观光旅游类则可以申请水利、道路建设、造林和退耕还林等基建补贴。

（2）集农业科技、旅游观光和科普教育于一体的休闲农业项目

这类休闲农业项目包括科技示范园、物流商贸园等形式，既可以申报科技方面的扶持，也能申请农业方面的扶持。可申报资金补贴的种类包括但不限于：

①发改委的冷链物流项目；

②商贸流通重点支持项目；

③农产品初加工补助项目；

④农业科技推广示范项目；

⑤科技成果转化项目；

⑥现代农业园区试点项目；

⑦农业综合开发产业化经营财政补贴、贴息贷款、一县一特和龙头企业带动项目；

⑧农业产业化财政扶持项目；

⑨现代农业发展资金果菜产业项目；

⑩农业综合开发供销合作示范项目。

（3）所有休闲农业园区都有机会申请

①农业局与旅游局联合主管的休闲农业与乡村旅游示范点创建项目；

②农产品加工业休闲农业农民创业项目；

③扶贫旅游项目等。

四、案 例 篇

国内休闲农业与乡村旅游类型

151. 成都"农家乐"

　　成都的很多农户看准了乡村旅游的发展趋势，凭借其距市区近、乡村自然环境条件优越的优势，就地取材，以自家庭院园林、田园风光的优美环境作为观光、休闲娱乐的依托环境，提供一些简单的餐饮、住宿服务和棋牌、卡拉OK、小型球类、游泳等娱乐活动，自发地发展了投资少、规模小、经营灵活，集观赏、休闲、娱乐于一体，服务于城市居民的乡村旅游初级形态——农家乐。农家乐以其距市区近、耗时少、消费低、环境清幽、轻松闲适的特点适应了城市居民消闲度假的需求，很快就在各地得以迅速发展壮大起来。

　　成都农家乐是都市依托型乡村旅游的代表。其主要特点是依托城市大市场，发展周末休闲度假旅游。其特色与类型包括：①农家园林型：以郫县友爱乡农科村为代表。依托花卉、盆景、苗木、桩头生产基地，这是农家乐的发源地。②观光果园型：以龙泉驿的书房村为代表。以水蜜桃、枇杷、梨子为依托，发展以春观桃（梨）花、夏赏鲜果的花果观光旅游，其旅游收入已经大大超过果品收入。③景区旅舍型：以远郊区都江堰的青城后山等自然风景区为代表。在景区附近的低档次农家旅舍受到中低收入游客的欢迎。④花园客栈型：以新都县农场改建的泥巴沱风景区等为代表。把农业生产组织转变成为旅游企业，在农业用地上通过绿化美化，使之成为园林式建筑。此外还有养殖科普型、农事体验型、川西民居型等。

成都以农家乐为主的经营形式由一家一户经营逐步发展为合户经营、承包经营、租赁经营；经营内容由单一为游客提供周末休息、餐饮、茶水、棋牌逐步发展为提供休闲、度假、娱乐、养生、会议等服务；投资经营主体由以农户为主逐步发展为由城市居民、企业、团体、机构大量投资；服务方式随着开业条件和旅游服务质量等级评定标准的推行由自发粗放逐渐走向规范。乡村旅游促进了农民由务农到务工再到经商的就地转变，提供了大量就业岗位，促进了运输、加工、销售、餐饮、住宿及修理、环卫等服务业发展。政府通过免收管理费和税费、对农家户进行培训以及实行"三证"管理和实行统一收费标准等方式给予扶持，同时采取星级管理，卫生环保整顿和推进规模、打造品牌一系列措施，推进了成都农家乐健康有序的发展。乡村旅游收入占远郊农民年纯收入的30%以上，占近郊农民年纯收入的70%以上，开展农家乐的农户比没有开展农家乐的农户实际增收要多1~2倍。

花乡农居

　　三圣乡农家乐是企业参与模式的典型，它以规模化的花卉培植基地为基础，由政府主导规划建设，集花卉销售、生产、科研、信息和观光旅游于一体，其主要特点是规模大、生产性强、投资风险小、综合效益高。其发展方式包括：①以文化提升产业。挖掘"幸福梅林"的梅花传统文化，赋予荷塘月色音乐、绘画艺术内涵，再现江家菜地的农耕文化，展现东篱菊园"环境＋人文＋菊韵＋花海"的菊花韵味，变单一的农业生产为吸引市民体验、休闲的文化活动。②以旅游致富农民。鼓励支持观光道路两侧的农户，依托改造后的农房，采取自主经营、与别人联营、出租给有实力的公司等方式，发展乡村旅游，推出赏花、休闲、体验等多种形式的旅游项目。③以产业支撑农业。对花卉龙头企业在资金、技术和政策上扶持，开发出梅花系列旅游产品，形成了产业规模。④以品牌塑造形象。三圣乡农家乐铸造了五朵金花："幸福梅林""花乡农居""江家菜地""东篱菊园""荷塘月色"。

东篱菊园

152.贵州"村寨游"

景区边缘地带是我国乡村旅游开展最早的地区，景区周边农村居民依托景区游客市场，发展特色种植业、畜牧业等，开展具有观光、学习、教育等功能的乡村旅游。同时，开展以家庭接待为主，突出乡村生产生活内容的民俗旅游活动。另外，在国家旅游扶贫政策的引导下，一些缺乏发展第一、二产业条件的贫困地区，往往却拥有得天独厚的风景资源。此类乡村旅游可称为景区依托型，主要指在著名风景名胜区周围发展起来的乡村旅游，其客源市场相当大的部分是来自全国各地甚至海外的观光客，其特点是初游率高、重游率低，不易形成忠诚客户，是典型的观光旅游。但是值得关注的是，在某些景区依托型的乡村旅游也开始出现一定数量的重复游客，其特点和都市依托型相似。

国内许多大型旅游景区周边会有许多乡村旅游活动。对于贵州来说，每个村寨本身就是景点。贵州省开展的民族乡村旅游主要是依托特色村寨及其群落开发的乡村深度体验型产品，这种旅游产品文化特性非常突出。前期主要吸引的是一批文化探秘的境外游客和研究学者，但随着国际乡村旅游市场的发展，国内旅游者"返璞归真，回归自然"需求的增加，这种结合了传统的文化旅游活动与村寨田园风光的乡村旅游产品表现出特有的发展潜力。在黔东南自治州巴拉河流域的众多民族村寨中，郎德上寨被文化部授予了享誉

贵州郎德上寨

海内外的"中国民间艺术之乡"、露天民族民俗博物馆、全国重点文物保护单位等称号，旅游者可以从建筑、饮食、服饰、节日、生产、娱乐、礼仪、道德、信仰等方面窥见苗岭山区的文化和历史。这种模式属于景区依托型，是主要依托民族村寨或其他大型旅游景点来开展乡村旅游的方式。

在贵州省乡村旅游开发模式中，以平坝县的"天龙屯堡模式"最具代表性。依托明代遗存的典型屯堡村落的特殊优势，天龙村开创了"政府＋公司＋旅行社＋协会"四位一体的旅游模式，大力发展屯堡文化游，走出一条乡村旅游带动经济发展的路子，各方面按照分工各负其责，并享受合理的利益分配，有效地避免了农民从事旅游业可能造成的过度商业化，最大限度地保持了当地文化的原生性。

贵州郎德上寨

153.北京"民俗游"

北京的乡村旅游以"民俗游"这种特殊的形式出现。大多数依托乡村文化景观，提供"吃农家饭、住农家院、干农家活"等简单的乡村旅游服务，是典型的都市依托型乡村旅游形式。

北京的民俗旅游产品形成了许多特色：①10个以地域文化、建筑文化、民族文化、养生文化、休闲文化、果品文化、餐饮文化等为特色的民俗旅游村。②6种特色的民俗体验活动。即：延庆区东小河屯村开展"乡下有我一分田"活动，大兴区北臧村镇巴园子村满族婚丧嫁娶习俗活动，怀柔区喇叭沟门满族乡的"京郊满族"风情园，房山区西庄村的"巧姑靓嫂"基地，虹鳟鱼养殖"一条沟"，以琉璃庙沿线为主的鲟鱼养殖"一条川"。③10个不同季节的果品采摘品种。即：海淀区车尔营的白杏、昌平区的樱桃、平谷区的蟠桃、大兴区的西瓜、门头沟区的京白梨、怀柔区的板栗、顺义区的枣、密云区的核桃、延庆区的苹果、房山区的柿子。④12种特色民俗餐饮、纪念品。即：平谷区雕窝村的

延庆区东小河屯村"乡下有我一分田"

烤全羊、海子村的炖鱼头、熊儿寨的侗家菜、黄草洼村的野菠菜，延庆区柳沟村的"火盆锅"、小河屯村的妫川传统婚宴"八八席"、传统米酒，珍珠泉村的鞋垫、岔道城村的印染、辛栅子村的烫花葫芦等，怀柔区的虹鳟鱼烧烤，昌平区羊台子村的手工编织。

而北京爨底下村则是

北京爨底下村

乡村"民俗游"模式的突出代表。爨底下村始建于明正德十年（1515），经历了五百多年的风风雨雨，依然保持着古代的建筑风格，全村有76套明清的院落，656间房子，现居35户，93人，村落面积1万平方米，村子面积5.33平方千米，距北京79千米，海拔650米。2003年被国家建设部、国家文物局评为首批中国历史文化名村。2009年5月1日起，爨柏景区成立；包括：爨底下村、柏峪村、双石头村以及黄岭西村。门票实行通票制度。

随着社区的发展，爨底下村逐步吸引外来投资进行合作开发，从独立自主经营模式向社区控制下的共生经营模式的转变。但外来投资者不能影响社区对开发的控制权。遗产旅游景区共生分为两种：一种是分工共生，即在发展古村落遗产旅游的过程中，外来投资者和本地经营者通过提供不同等级和类别的旅游产品吸引不同的旅游市场，互相依存，避免了同质化的恶性竞争，共同促进古村落遗产资源可持续利用；另一种是合作共生，外来投资者与地方合资合作开发乡村旅游，利益共享。对古村落遗产地来说，分工共生比合作共生更具生命力，外来投资者经营高档餐饮和娱乐项目，其他业务由本地户经营。这是一种本地业主和外来者互惠双赢的安排。

北京爨底下村

154. 内蒙古"农牧家游"

随着内蒙古阿拉善盟旅游业的发展,"农牧家游"从试点到建设逐步成为该地区旅游业中一个新的亮点。农牧家游主要是以农牧区为活动场所,利用农牧区独特的自然环境、乡土风情、生产生活方式等为旅游者提供餐饮、住宿、休闲、观光、体验、娱乐、购物为一体的新型旅游经营活动。阿盟有腾格里沙漠地貌、西部梦幻峡谷地理景观;有贺兰山原始森林、沙漠梭梭林、红柳等沙生旱生植物、沙漠绿洲、荒漠草原的生物景观;有西夏遗址与西夏文化、贺兰山岩画、藏传佛教南寺和北寺等人文景观;有贺兰山紫蘑、苁蓉、阿拉善奇石、水晶玛瑙等旅游商品。

阿拉善左旗农牧家游起步之初,缺乏有效规范的管理和经营,发展参差不齐。为解决这一问题,打造独具特色的旅游品牌,阿拉善左旗旅游局先后制定出台了《阿拉善左旗农牧家游评选标准》《阿拉善左旗农牧家游管理办法》,并在内蒙古率先成立农牧家游协会。协会成立后,以规范农牧家游市场为目的,加大农牧家游的宣传力度,推动农牧家游提档升级。

随着农牧家游项目的不断丰富和完善,基础设施和服务设施的健全及农牧区的民族风情、自然风光等对久居闹市的城里人具有吸引力,游客冬季出游较多,农牧家游项目补充了阿拉善左旗冬季旅游项目,使阿拉善左旗旅游市场淡季不淡。

155. 云南乡村旅游

依托梯田红土、山花烂漫绘制乡村旅游美景,凭借说说笑笑、唱唱跳跳招来国际国内游客。近年来,云南发挥生态环境和民族风情的优势,乡村旅游发展初具规模,形成"遍地开花"的喜人景象。云南省16个州市都拥有数量不等的乡村旅游点,形成了多种发展模式。主要有以下几种：一是资源导向型。主要依托旅游景区发展乡村旅游，如石林五棵树彝族村、大理周城白族村、丽江黄山纳西族乡等。二是区位驱动型。主要围绕城市周边形成乡村旅游点，如昆明团结镇、玉溪大营街等。三是交通依托型。特色鲜明的有楚雄南华的咪依噜、德宏瑞丽等。四是产业带动型。如大理新华村以银器加工带动乡村旅游发展，临沧芒团村以传统造纸带动旅游发展等。五是企业再造型。如腾冲和顺得到柏联集团支持、丽江束河得到鼎业集团支持，推动了当地旅游业迅速发展。

　　云南省休闲农业和乡村旅游从20世纪80年代初起步以来，走出了一条独具特色的发展之路。首先，政府引导和社会参与相结合，政府通过编制乡村旅游规划、投入建设资金、改善基础设施、开发景区景点等方式推进休闲农业和乡村旅游发展。同时，注重动员乡村居民参与发展。其次，建立政府、企业、社区和村民共同参与、利益共享的机制。既有根据出资份额确立分配比例的办法，也有根据专业分工实现利益分配的方式，还有根据提供资源或场所等情况确立分配份额的措施。第三，通过节事活动带动乡村旅游发展，为乡村旅游打响品牌。第四，兼顾国际国内两个市场，使云南休闲农业和乡村旅游对海内外游客产生了强大的吸引力。

大理白族乡村

云南省有近1万家农家乐、650多个乡村度假村、300余个特色村；乡村旅游直接从业人员达17万人，间接从业人员达38万人。全省乡村旅游接待人数达3 400多万人次，占全省旅游接待总量的25%；乡村旅游总收入58亿多元，占全省旅游总收入的7%。

156. 台湾休闲农业

台湾地区的休闲农业经营范围相当广泛，提供的旅游产品也非常丰富，根据休闲农业所依托的资源以及开展的旅游活动的不同，可以将台湾地区的休闲农业分成观光农园、休闲农场、市民农园、教育农园四种类型。

（1）观光农园。观光体验类休闲农业指根据农业特产的不同，通过规划建设使其具有参观游览价值，游客通过参观农产品生产制作过程，满足了好奇心，延长了游览时间。根据内容的不同，可以将观光类休闲农业分为观光果园、观光茶园、观光花园（圃）和观光菜园四大类。

（2）休闲农场。农场是指经营农作物的场所，根据经营内容的不同，可以将农场分为林场、渔场、牧场等多种类型。休闲农场是台湾地区农业类型中最具代表性的一种形式，是根据其原有资源的多样性，开发出集农园体验、放松心情、缓解压力的一系列内容丰富、形式多样的参与性极强的活动。休闲农场也可以根据内容的不同分为不同的经营形式。

（3）市民农园。市民农园是将位居都市或其近郊的农地集中规划为若干小丘块，分别出租给一般民众栽种花草、蔬果或经营家庭农艺，其主要功能在于提供土地与耕种技术给予一般都市民众，让都市民众也可享受耕作乐趣，体会农业生产经验。台湾地区的市民农园土地大都是由农民提供的。每一出租地块以20～50平方米为一出租耕作单位，租期多数为一年，每期租金约为2 000～4 000元。所租土地以蔬菜种植为主，也有部分种植各种花草的体验者。市民农园依不同使用对象，一般可分为家庭农园、儿童农园、高龄农园及特殊农园。

（4）教育农园。教育农园是兼顾农业生产与教育功能的农业经营形式，农园中所生产或栽植的作物及设施的规划配置具有教育功能。一般常见的有特用作物、热带植物、水耕设施栽培、亲子农园等形态。自然生态教室就是一个典型的教育农园。

教育农园唤起了人与自然和谐相处的学习历程，培养了游客走进自然、认识自然、保护自然的观念，从而在自然的环境里发展亲近自然的情操。此外，教育农园作为一个乡土教学的背景资源，使文化信息在农园内的沟通变得更加容易和更能为人接受，发挥了城乡交流的重要作用。

此外，台湾地区休闲农业也存在其他经营形式，如度假农场（民宿）、农村文化活动等，由于这些形式是作为一种经营内容依附于其他的经营形式之中的，所以在内容上不具有独立性，但是却丰富了台湾地区休闲农业的容。

台湾观光农园

国内经典案例

157. 浙江 "周庄"

    周庄具有丰富的乡村旅游资源。在周庄的乡村，分布着几十个村落，这些村落的选址、布局和建筑形式无不充分体现周庄水乡的特点。周庄所有的村庄也都逐水而居，建筑物沿着河道展开，形成 "河—街—建筑" 的格局。无论是建筑物还是驳岸、埠头，都独具乡村的水乡特色。原来的村落格局以及周庄水乡的风貌得到了完整的保留。周庄镇境内多湖泊，从南到北有南湖、太史淀、天花荡、三角白荡、澄湖等大大小小的湖泊，这些湖泊都是可以充分利用的，但是每个湖的特点不一样，在利用的时候也应当有不同的式。

周庄风光

    河道是水乡的骨架，河道不但组织了水乡的村庄，也沟通了水乡的联系。通过水上旅游线路的组织，周庄的乡村旅游也不再是一个个孤立的点，水上旅游既可以丰富旅游活动，还可以使乡村和古镇联动起来，有效地将古镇的游客资源疏散开来。

    开阔的田园也是周庄乡村旅游的重要资源，农业采摘、农业景观都是都市居民非常乐于参与的活动。周庄的果园可以和采摘活动相结合，而新近开放的油菜花田、收获季节的稻田都有可能成为促进乡村旅游的片。

周庄风光

现在周庄每年有400多万人参观游览，但是这些人的人均消费却不高，很大原因在于大部分去周庄的游客是不在周庄过夜的。游客不在周庄过夜，使旅游服务设施的利用效率降低，同时也影响了旅游产业的产值。现在周庄搞了"夜游周庄"的活动，是对这一问题的改善，但还是无法回避古镇容量有限的瓶颈。如果能通过全镇旅游资源的联动，从水乡整体出发，充分发掘乡村旅游资源，在分流古镇旅游负荷的同时，将促进周庄乡村旅游产业整体展。

周庄

158. 安徽"黄山宏村"

世界文化遗产地——黄山宏村位于黄山西南麓，黟城之北，距离县城 11 千米，西北经黟太公路可直达太平湖、九华山风景名胜地。全村 13 个村民组，396 户，1 220 人，水田 538.3 亩，旱地 120 亩，茶园 327 亩，桑园 329.7 亩，山场 1 100 余亩，退耕还林 900 余亩，全村以旅游业、第三产业和茶桑为主要收入。宏村旅游资源十分丰富，现存明清古民居 158 幢，是旅游观光、艺术创作和有志之士发展的好地方。2006 年共接待中外游客 60 多万人次，旅游直接收入 2 840 元。

黄山宏村

黄山宏村

宏村拥有举世无双的古水系——水圳、月沼、南湖；有被人称为民间故宫的"承志堂""培德堂"；有徽商故里的"三立堂""乐叙堂"；有全省保存完整的古代书院"南湖书院"等重要文物。作为皖南古村落的杰出代表——宏村在 2000 年 11 月 30 日被列入《世界文化遗产名录》，并先后获得国家重点文物保护单位、国家 4A 级景区、全国历史文化名村等殊荣。

以旅游业为主的第三产业快速推进，现有宾馆、餐饮、零售等工商户

300余家，从业人数达1 000余人，宾馆床位已达1 000张，以竹系列宏村旅游工艺品的开发、研制、生产、加工、销售已形成产业链，并向外地渗透，年销售收入达2 000万元，提高了村民收入，有力地促进了乡村经济的快速发。

159. 昆明星期九休闲生态农庄

昆明星期九休闲生态农庄位于昆明市巴城镇迎宾西路，毗邻阳澄湖，占地约700余亩，集休闲、观光、旅游为一体，并获得"全国农业旅游示范点"称号。

园内设有果园区、动物观赏区、水果大棚区、蔬菜区、花艺区、育苗区、烧烤垂钓区、咖啡棋牌娱乐区等九大区。雁南飞茶田把农业与旅游有机结合，融茶叶、水果生产、生态公益林改造、园林绿化和旅游度假于一体。园内水弯流曲，游客泛舟其上可饱览两岸风光，循岛漫步可尽情观赏奇异花卉，采摘高品质特色的水果，享受悠然的休闲光。

昆明星期九休闲生态农庄

160.深圳青青世界

　　青青世界是一家以休闲度假为主题的观光农场，为"鹏城十景"之一。园区占地面积约20万平方米，景区分为侏罗纪公园、蝴蝶谷、瓜果园、陶艺馆、园艺馆等，另建有欧陆风情的木屋别墅、酒店、中餐厅、游泳池、钓鱼池等。

　　园中的游乐项目有制陶、垂钓、蜡雕、手工纺织、编织中国结、城市农夫、制作唐山彩陶版画、蜡染等，妙趣横生，很能锻炼人的动手能力。此外，游客还可以参加足底健康步道、惊险吊桥、果汁屋、蝴蝶谷、茶寮、烧烤场等娱乐设施中的各项活动。

　　青青世界为游客提供全木结构的半山度假木屋和海景酒店客房，客房设施都按四星级标准建造。园内的餐厅主要提供台湾菜和粤菜，此外也有商务套餐和快餐食品。瓜果公园内设有"城市农大"白留地，给游客提供一个体验农村生活、亲手耕种的机会。一块2平方米的土地，租金580元/3个月，在租用期间，凭地契一家三口可随时免费入园耕种。瓜菜成熟，可摘回家细细品尝。

深圳青青世界

161.上海孙桥农业区

上海孙桥现代农业开发区自1994年9月成立至今，已先后被批准为首批21个国家农业科技园区之一，国家引进国外智力成果示范推广基地，农业产业化国家重点龙头企业，国家级绿色蔬菜温室栽培标准化示范区，上海市现代农业园区重点建设单位。

开发区以现代科技武装的工厂化、设施化农业为基础，以高科技生物工程与设施农业相关的农产品加工业为主导，以内外贸为纽带，走产加销一体、农科游结合的农业产业化道路，发挥生产示范、推广辐射、旅游观光、科普教育和出口创汇五大功能，实现社会、生态、经济效益统一。

开发区重点发展六大主导产业：以蔬菜、花卉为主体的种子种苗产业；以绿色蔬菜、食用菌、花卉为主体的设施农业产业；农产品精深加工产业；利用细胞工程、微生物工程和基因工程的生物技术产业；温室工程安装制造产业；与农业相关的物流配送、休闲居住、观光旅游、会展培训等第三业。

上海孙桥农业区

162.江苏华西村

江苏省江阴市华士镇的华西村依托休闲农业成为全国闻名的现代化示范村，其推出的"农家乐趣游""田园风光游""休闲生态游"等旅游产品满足了都市人们体验农家生活、追求休闲、度假的需求，同时开辟了农家乐特色游，住传统农舍、烧传统锅灶、用传统厨具，自钓活鱼、自摘蔬菜、自饮自娱，让城市游客不仅尝到鲜美地道的农家菜，也感受到农村和农家生活的新鲜和乐趣，丰富了休闲农业发展的内容，为华西村提供了一个有效致富之道。

可借鉴之处：传统特色项目的深度挖掘，产品多样化发展。

江苏华西村

163.成都"五朵金花"

以花卉产业为载体发展乡村休闲旅游的"五朵金花"是成都锦江区三圣乡的五个村雅称。采取自主经营、合作联营、出租经营等方式，该区域的农户依托特色农居，推出休闲观光、赏花品果、农事体验等多样化的休闲农业项目，现已形成了红砂村的"花乡农居"、幸福村的"幸福梅林"、驸马村的"东篱花园"、万福村

的"荷塘月色"、江家村的"江家菜地"等著名休闲农业景点，吸引着众多游客前往，成为休闲农业开发的典范

成都江家村"江家菜地"

可借鉴之处：发挥区域合作优势，突出主题产业载体。乡村旅游发展中的瓶颈之一就是力量单薄，无论是资金、基础设施还是所依托的景区资源，基本上每个乡村旅游发展过程中都会遇到相关问题，所以在"五朵金花"的案例中，将五个村子联合起来，以花卉产业为载体的发展模式为乡村旅游的区域合作发展，增加项目发展的凝聚力。

成都幸福梅林

164.嘉善休闲农业

　　浙江省嘉善县通过积极培育发展休闲观光农业，形成了以碧云花园为代表的农业园区型，以浙北桃花岛为代表的基地拓展型，以汾湖休闲观光农业带为代表的资源景观型，以祥盛休闲农业园、龙洲休闲渔业园为代表的特色产品型，以西塘荷池村、陶庄渔民公园为代表的"农家乐"型等多种休闲观光农业和乡村旅游。2011年3月嘉善县获得了农业部和国家旅游局联合授予的首批"全国休闲农业与乡村旅游示范县"称号。

　　可借鉴之处：休闲农业的休闲化，随着观光旅游逐渐向休闲产业转换，嘉善休闲农业将观光和休闲很好地结合起来，为乡村旅游的与时俱进开辟了一条道。

姚庄桃花岛休闲旅游

165.贵州余庆白泥坝区现代农业旅游规划

　　余庆地处黔北南陲，系遵义、铜仁、黔东南、黔南四地州（市）的结合部。北与湄潭，东与石阡、凤冈，南与黄平、施秉西与瓮安接壤。北部、中部为乌江河谷阶地，县城所在的白泥盆地，是贵州省著名的万亩大坝之一。规划区紧靠余庆县县城，白泥万亩大坝是贵州省19个万亩大坝和全国100个万亩大坝之一，是余庆县粮食生产的主要地区，具有良好的区位发展优势。

可借鉴之处：水资源是开展休闲农业不可或缺的资源之一，流动的水能有效地带活乡村旅游，让乡村充满活力；亲水性的旅游项目，更容易让游客体验最为原始的乡村生活场景。所以充分依托余庆县的山、水景观特色，充分挖掘和提炼自然环境要素，通过有效的设计使人充分感受到山水，突出山、城、水、绿交融的生态格局，从而形成深刻的旅游印象。

贵州余庆白泥坝区现代农业旅游规划

随着中央连续多年出台1号文件，休闲创意农业已成为一种趋势。据统计，2014年全国各类休闲农业年接待游客10.5亿人次，营业收入3 600亿元，带动4 000万农民受益。"十二五"期间，我国休闲农业接待人次和经营收入年均增长15%以上，到2018年，我国休闲农业市场规模将接近5 900亿元。也就是说，从2015年起至2018年，将是休闲农业的黄金年！

166.北戴河集发生态农业观光园

北戴河集发生态农业观光园坐落在风景秀丽的旅游避暑胜地北戴河海滨，是全国首家生态农业旅游观光4A级景区。划分为特种蔬菜种植示范区、名贵花卉种植区、特种畜禽养殖示范区和休闲餐饮娱乐区四个区域。

这里不光可以看到上千种植物和40多种动物，还可以攀岩、蹦极、空中飞人；在戴河第一漂乘坐竹排欣赏两岸风光；在獐乐园荡秋千、踩滚筒；在水上乐园一展身手；还可在环境独特的农家饭庄品原汁原味的农家饭菜。

特色活动：观光园分为综合活动区、民俗展示区、吃住休闲区、观赏采摘区、娱乐项目区、动物表演区，先后开发了空中花园、百菜园、戴河漂流、飞越戴河、戏水摸鱼等30个景点，并推出了冬欢节、农家乐趣味运动会、乡村游等多种综合旅游目。

北戴河集发生态农业观光园

167.重庆市"大木花谷"生态旅游景区

大木花谷景区位于重庆市涪陵区大木乡，距重庆市区180千米，车行约两个半小时。重庆涪陵的大木乡，2006年前农村花木公司在大木乡租用农民土地栽种花卉。本来是想搞个种植基地方便卖花，没想到误打误闯搞成了生态旅游景区。从2007年开始，在当地政府扶持下，开始转做休闲农业项目，从卖花变成了卖景。并以此带动了当地的经济发展。花木依然是主体，并给周围的居民开展农家乐提供了条件，让一个偏远乡村得以走上新农村发展道路。

　　大木乡地处武陵山山脉，海拔1 000米左右，与熏衣草的故乡——法国南部小镇普罗旺斯海拔相近，被誉为重庆第一高山花乡，号称中国的普罗旺斯，2007年被命名为重庆市唯一的环境优美乡。由于独特的自然景观，大木花谷成为摄影爱好者的天堂，也是夏季纳凉的好处。

大木花谷

　　2008年景区门票收入达到17万元，2009年达到70多万，2010年更是达到200多万元，景区扭亏为盈。大木花谷的红火，直接带动了当地经济的发展。现在景区直接带动周边1 000余户农户从事农家乐、餐饮服务等，户均增收近万元。

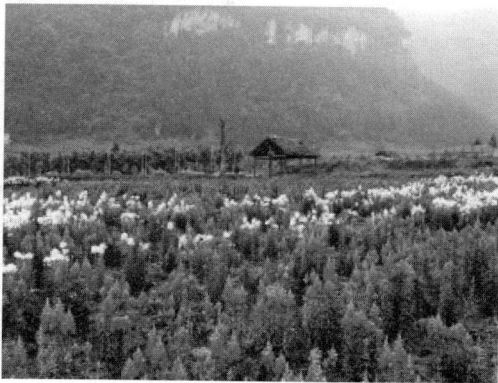

大木花谷

168.重庆美丽乡村嘉年华生态旅游区

重庆美丽乡村嘉年华是由重庆商社集团出资3亿元在重庆市北碚区静观镇打造的一个大型生态旅游区，占地1 000余亩，是一个以山地农业为示范、农俗体验为依托，以中国五千年农耕文化为主题，以巴渝农文化为魂而打造的中国西部地区唯一的集观赏、体验、参与、度假于一体的特色乡村旅游园区。共分为乡村印象、花卉园艺观赏、嘉年华体验、美丽湖水上运动及乡村度假区等五大旅游版块。

作为景区的第一门户，乡村印象区首先呈现在大家眼前的是优美、恬静的乡村"首页"，它勾勒出独特的新农村建设风貌。进入到嘉年华体验区后，大家可以体验到神秘而庄重的巴渝民俗祭天仪式，丰收广场喜庆、欢腾的庆丰收展演，以及嘉年华广场粮仓打老鼠、春米、麦场打麦、摇纺车、推石磨等体验活动，在动物竞技场则可观看到斗牛、斗羊、斗狗及小猪赛跑等竞技节目。在原汁原味的生产作坊里，大家还可以亲身参与米酒、豆花、面食、酱菜的生产过程，领略巴渝传统农作的生产艺术力。

美丽乡村嘉年华

　　漫步于花团锦簇的温室花海之中，鉴赏传统生产魅力与现代农业技术的结晶。大家可以从姿态万千的盆景中感受古老的川东盆景艺术；从烂漫樱花的花开花落中领略它醉人的气息；从稀有的梅花品种中，品味静观镇作为重庆梅花发源地所具有的梅文化的独特魅力。面积达300余亩的美丽湖，是大家竹筏静游、湖面泛舟的好去处。规模庞大的水车阵分布在沿湖岸边，形成了西南地区最大的水域景观。在此，大家可以体验水上浮桥、水上踩圈、水上自行车、水上拔河等活动带来的乐趣。湖岸漫步之余，也可在湖边酒楼茶舍中饮酒、品茶；绿树丛中，柳拂水面，尽情享受远离尘嚣的世外桃源。

　　乡村度假区则向大家展示了静观镇悠久的历史文化内涵，提供了体验乡村诗意生活、文化空间的田园逸居；设施完备的生态度假酒店，拥有众多花卉主题套房，一个套房蕴涵一个花意；还有大型会议中心、宴会厅、露天观景茶楼、娱乐包房等，可充分满足游客休闲度假的享受需求；新农村建设展览馆、风情美食街、生态停车场等多个综合接待服务区域可以为大家提供全方位的配套务。

美丽乡村嘉年华

国外休闲农业与乡村旅游类型

169.美国休闲农业与乡村旅游

在美国，乡村旅游被认定为振兴乡村经济的一个重要途径，受到政府高度重视。美国推销乡村旅游有很多种方式，包括：

（1）请游客参与生产方式。为了吸引游客，许多农场主有意将一些生产方式和生活习俗呈现出来，让旅游者参与进去。在拥有5 500多个农场的夏威夷，农场主们将自家咖啡加工的全过程展示给旅游者，游客甚至可当一回咖啡加工工人；秋收季节，游客们可以在农场采摘果实或饲养家畜家禽。目前出现城市居民到乡村租种耕地，从事农业生产劳动和农业经营活动热潮，农场主的身份悄然转变成游客的田园看护人。为了丰富游客娱乐休闲活动，农场主们可谓新意不断。美国许多农场都有西红柿节、甜洋葱节、土豆装袋节等节日；更多的农场因地制宜，推出了骑马、雪橇、滑翔、登山、漂流、徒步、垂钓等活动；还有的农场请专家将玉米地设计成迷宫形式，推出玉米地迷宫游览活动。既可以满足旅游者追新猎奇、求乐求知的需求，又可以延长旅游者逗留时间，增加农场主经济效益。

（2）农场推出一些旅游购物品，首先是农场出产的蔬菜、瓜果、粮食、咖啡、奶油等土特产品；其次是一些编织等手工艺品和旅游纪念品。旅游购物品的销售收入是乡村旅游收入的重要来源。夏威夷来自农副产品的直接销售收入占其乡村旅游总产值的1/3。一般情况下，游客在同类产品中更愿意从农场直接购买，特别是自己亲手采摘的蔬菜水果、农场当面加工的奶油、咖啡以及从农场酒窖中取出的葡萄酒等。

美国乡村游的主力仍然是国内游客。国内游客中，家庭和学生两个市场占据了较大份额。美国乡村旅游的发展首先得益于第二次世界大战后美国高速公路体系、洲际公路交通网及其二级道路网的完善；其次是公共土地用于娱乐目的的规定为乡村游发展创造了良好的条件。

美国乡村游的发展也离不开美国各级政府为之创造的良好的外部环境。美国各级政府对乡村旅游业都有一系列的扶持政策：联邦农业部设有多项基金，有合适项目的乡村或个人都可以申请；地方政府在规划地区发展时，也会有意识地鼓励发展乡村旅游，为旅游业创造交通、住宿等配套设施的便利条件；基层政府则往往对申请发展乡村旅游的村庄或个人在手续上给予简化。

密歇根州政府主要在开拓本州乡村旅游市场方面下工夫。例如，进行专门的市场调研，为农场主提供市场供求信息，并把优秀的乡村旅游资源集中起来，通过电子商务向外推广。每年一些地方政府或农民协会还会举办各种活动，如农业博览会、赛马、乡村游行等，通过这些活动展现农村的特色和风情，以吸引城市旅游者的来。

美国乡村旅游

170.以色列休闲农业与乡村旅游

以色列乡村旅游发展较晚，但发展迅速，有其自身特点。

（1）规模小。以色列的乡村旅游是在对现有的闲置房舍稍加改造的基础上发展起来的。农户为旅游者所提供的服务主要是B&B（beds and breakfasts），即"床铺＋早餐"形式，平均规模为每个农户8个床位。

（2）季节性强。以色列乡村旅游业的年经营时间较短，平均为83天。除受季节和天气的影响外，一个很重要的原因是受旅游者闲暇时间的影响。春秋两季、周末和节假日是旅游的高峰时间。旅游者在乡村旅游的时间平均为3天。

（3）旅游者的来源。来以色列乡村旅游的游客绝大多数为当地居民，而在欧洲和北美其他国家旅游者多为国际游客。这是由于乡村旅游在以色列还处于起始阶段，没有形成一定的规模，在宣传和组织上没有与国际市场接轨。

（4）活动内容。游客在旅游期间所从事的主要是一些与自然有关的活动，如在农场和牧场中散步、骑马、戏水、观赏动植物、参加音乐和舞蹈节等。

（5）经济效益。在农业资源和劳力方面，乡村旅游和农业生产并不存在矛盾。尤其重要的是旅游者不仅为向他们提供食宿服务的农户带来了可观的经济效益，客观上也为以色列整个农村地区的经济发展注入了新的活力。如果游客在乡村旅游期间花费为2 000美元，除去1 000美元花在食宿方面，另外1 000美元则花费在其他非旅游活动上。

以色列乡村旅游

171. 法国休闲农业与乡村旅游

法国既是欧洲第一农业大国，又是世界旅游强国，这两者的结合为法国乡村旅游的发展提供了坚实基础。20世纪70年代开始，法国开始发展乡村旅游，这种与乡村紧密结合的新型旅游方式在法国国内被称为"绿色旅游""生态旅游""可持续性旅游"。

成立于1953年的法国农会常设委员会（APCA），于1988年设立了农业及旅游接待服务处，并结合法国农业经营者工会联盟、国家青年农民中心和法国农会与互助联盟等专门农业组织，建立了名为"欢迎莅临农场"的组织网络，大力促销法国的农场旅游。在这一网络中，包括了农场客栈、点心农场、农产品农场、骑马农场、教学农场、探索农场、狩猎农场、暂住农场和露营农场九个系列，划分为美食品尝、休闲和住宿三大类。法国政府每年组织一次为期两天的"欢迎莅临农场"博览会，为公众提供更多的信息。APCA每年会编制《欢迎莅临农场》手册，手册中详细记录了4 000家已经加入该组织的农场。

法国政府和APCA加强对乡村旅游开发和管理的措施主要包括：

（1）恢复、发展传统建筑文化遗产。主要是典型的、各具特色的古老村舍，通过政府公共资金补贴、银行贷款等手段鼓励农民修葺房舍发展乡村旅馆；凡是取得"法国住所合格证"和"欢迎莅临农场"标志的农户对房屋进行翻修，可以取得翻修成本50%的由法国政府或地方政府提供的公共补助金。明确乡村旅游是带扶贫性质的产业，执行有关涉农优惠政策，选择性实行税费减免。

（2）加强对乡村旅游业质量的管理。游客住宿、餐饮场所必须取得印有"欢迎莅临农场"标志的资格证书，同时确保具有特色的乡村旅游活动，比如严格规定不得贩卖和采购其他农场的农产品、农场的建筑必须符合当地特色、必须使用当地特色的餐具等，政府推行扶贫性质的小额贷款，鼓励民间资金投入乡村旅游产品开发和经营领域，支持产业链本地化建设，鼓励经营者共生化发展。

（3）运用互联网技术建立客房预定中心。对乡村餐饮点、旅馆进行营销，方便游客选择和预定，同时保证经营业主的经济来源。推进旅游村的信息化建设，利用节庆和事件开展民俗旅游的宣传促销，加强乡村旅游的培训工作。

法国乡村旅游景观

172.西班牙休闲农业与乡村旅游

作为国际著名的旅游大国，西班牙的"3S"（阳光、海水、沙滩）旅游目的地的形象一直是深入人心的。但是海滨旅游季节性特征明显，加上旅游者休闲度假消费需求的变化和国际国内海滨旅游竞争的压力，西班牙积极探索新的旅游产品，乡村旅游就是其中最为重要的一种。西班牙是现代乡村旅游的发源地，早在20世纪70年代，就有部分农场主将房屋改造成乡村旅游接待设施，但直到1992年西班牙的乡村旅游才获得了快速发展，目前已经成为西班牙旅游业重要组成部分。

西班牙政府积极发展休闲农业与乡村旅游，主要措施包括：

（1）改善农村基础接待设施、发展乡村旅馆。政府通过减免税收、补贴、低息投资贷款（有时仅为1%）等政策和优惠，帮助农民修缮具有50年以上历史的老房子，把它们改造成乡村旅馆。1992年全国只有36家乡村旅馆，而现在通过政府认定的合法乡村旅馆已经有7 000多家。

（2）制定乡村旅游方面的法律法规和行业制度。西班牙每一个地方政府都有乡村旅游方面的立法权，从立法上确立乡村旅游的地位，同时制定了很多标准，其中一些是强制性标准，比如乡村旅馆必须是具有50年以上历史的老房子，而且最多提供10~15个房间，开业需要申请，经过政府审核合格后颁发营业许可证。

（3）政府通过加强乡村旅游规划、农户培训等措施来引导乡村旅游的发展。政府对乡村旅游进行合理的规划，同时通过技术上的帮助或培训，教育当地的农民认识到保护自身传统文化、生态环境的重要性。此外，西班牙乡村旅游协会在推进西班牙乡村旅游发展中起着非常重要的作用，西班牙经营乡村旅游的业主60%以上都加入了这个协会。通过协会的网站，一方面，方便游客直接预订，另一方面便于对会员单位进行统一的营销推广。协会制定统一的乡村旅游质量标准，要求会员单位执行，保证了接待质量。

173.意大利休闲农业与乡村旅游

意大利是世界上旅游业最发达的国家之一，早在1865年就成立了"农业与旅游全国协会"，专门介绍城市居民到农村去体验农业野趣，与农民同吃、同住、同劳动，但这还不是现代意义上的乡村旅游。从20世纪70年代开始，被称为"绿色假期"的乡村旅游在意大利蓬勃发展起来。截至1996年初，意大利全国20个行政大区（相当于中国的"省"），已全部开展农业旅游活动，其中以托斯卡那大区最为突出，每年接待的国内外农业旅游者达20万人次。

意大利大约有一万多家专门从事"绿色假期"的经营企业,共接待游客达2 100万人次,营业额达4.3亿美元。

在保证乡村旅游的发展上,政府积极制定各项制度和标准,具体的做法包括:

①对重要农业旅游资源进行清查和统计;②对农业旅游者的来源进行调查和开发;③为农业旅游经营者进行信息咨询、培训和辅导;④对农业旅游资源进行评估和协调,使得他们能发挥区域地方特色。例如:制定旅游路线、设置有关路标、开办农业博物馆、公布有关部门的开放运行时刻表、当地农产品的类型、质量及其商品化程度、对向旅游者出售的当地农产品的质量和特性要进行评估和鉴定等;⑤刊登农业旅游广告和其他促销活动;⑥制定有关用于接待房屋的优惠政策;⑦建立农业旅游与城市旅游组织、城市饭店、度假村之间的联系;⑧由政府颁布法令和规定,以管理和鼓励农业旅游;⑨建立和完善公共服务设施;⑩积极提供商业服务活动,尤其是餐厅、文体设施及聚会场所;⑪到各级政府旅游部门进行登记注册,并在通过考核后发放许可证书。

意大利乡村旅游景观

174.韩国休闲农业与乡村旅游

　　韩国发展休闲农业的经典形式为"周末农场"和"观光农园"。以江原道旌善郡大酱村为例:大酱村首先抓住游客好奇心,出奇制胜地由和尚与大提琴家共同经营,利用当地原生材料采用韩国传统手艺制作养生食品的方式制造大酱,既符合现代人的养生学,还可以让游客亲临原初生活状态下的大酱村,传承民俗文化特色。此外,休闲农业的经营者还特别准备了以 3 000 个犬酱缸为背景的大提琴演奏会,绿茶冥想体验,赤脚漫步树林及美味健康的大酱拌饭,增加了游客的体验性。乡村旅游的就地取材、地域特色浓郁,迎合了修身养性的市场需求,成功地吸引了大量客源。

　　可借鉴之处:以"奇"为突破口,和尚与大提琴家共同经营是奇特的创意,配合这样的理念,开展 3 000 个犬酱缸为背景的大提琴演奏会,是奇特的实践,再者,将韩国泡菜、大酱拌饭为核心招牌,突出乡土气息,是乡村旅游发展的灵魂。

图书在版编目（CIP）数据

休闲农业与乡村旅游实务 / 唐德荣主编. —北京：中国农业出版社，2018.8（2023.7重印）

（乡村振兴系列丛书）

ISBN 978-7-109-24506-8

Ⅰ. ①休… Ⅱ. ①唐… Ⅲ. ①观光农业 – 研究 – 中国 ②乡村旅游 – 研究 – 中国 Ⅳ.①F592.3

中国版本图书馆CIP数据核字（2018）第196958号

中国农业出版社出版

（北京市朝阳区麦子店街18号楼）

（邮政编码 100125）

责任编辑 赵 刚

中农印务有限公司印刷 新华书店北京发行所发行

2018年8月第1版 2023年7月北京第3次印刷

开本：880mm×1230mm 1/32 印张：7

字数：153千字

定价：28.00元